禅問答入門

JN301807

石井清純

角川選書
463

禅問答入門

目次

目次図版／高祖道元禅師行跡図（駒澤大学禅文化歴史博物館蔵）

禅問答をたのしむ

皆さんは、「禅」というものに、どのようなイメージを持っているでしょうか。多くの方は、まず脚を組んで静かに自分を見つめる修行、「坐禅《ざぜん》」を思い浮かべるのではないかと思います。あるいは、修行道場（叢林《そうりん》）における、日々の厳しい修行生活や、そこから生まれてきた茶の湯のわび・さびを連想する方もいるかもしれません。いずれにしろ、「禅」というと、なにやらストイックなイメージで捉《とら》えられることが多いのではないでしょうか。

では、「禅問答」といった場合はどうでしょうか。世間一般に「禅問答のような」という表現は、「意味の解らぬ、つかみ所のない対話」の意味で用いられます。そこには哲学的・思索的に高次元である、というイメージもありますが、多く禅問答は、その内容の不可解さから転じて、現実から遊離した、一種の言葉遊びや洒落《しゃれ》の類《たぐい》として取り扱われることも多く、どうも、修行や鍛錬といった「禅」のイメージとは別のニュアンスで受け取られているように思われます。

でも、じつは、「禅」の思想や修行は、すべてこの禅問答によって表現され、伝えられてきたものなのです。だとすると、禅と禅問答のイメージとは、本来一致しなければならないはずなのですが、どうもそこが一致していません。

　もちろん、中国で成立した多くの禅問答と、それに基づいて組織化・体系化された日本の禅とは、少しだけその様相を異にしています。しかし、その相違は極めて微妙なもので、その基本となる考え方は一つです。では、どうしてこのようなイメージの乖離《かいり》が起こってしまうのでしょうか。

　それは、「禅問答」が、時代を経て、社会や文化の変容していくなかで、それ自体が本来保有していた「現実性」が薄れ、そのかわりに、何か、形而上《けいじじょう》的な超越概念を表現したものとして捉えられてしまっているからなのです。これでは、現実の「禅」と遊離してしまうのは当然です。「説明できないことをわけの解らない問答で示した」と画一的に解釈されたり、また、それとは逆に、あまりに哲学的・思索的に解釈されすぎて、現実の禅修行から独立した、一種の「思想」となってしまったということなのです。

　確かに禅問答は、安易な解釈を拒む一面を持っています。しかし、そこには、禅の思想と具体的な実践に裏打ちされた明確な論理性が存在しています。それを理解できれば、禅問答の内容は、生の人間の生きざまへと繋《つな》がっていきます。

　本書は、そのような観点から禅問答を紹介し、読み解いていこうとするものです。

「禅問答」とは、けっして雲を摑《つか》むような現実離れしたものでも、また、しかつめらしく形式張ったものでもありません。それらは皆、いにしえの禅者達が、自分たちの生きざまを身をもって示したものなのです。それゆえ、それらはとてもエネルギッシュなものです。その表現には、譬喩《ひゆ》や口語表現が用いられており、問答の交わされた当時の、生の対話を、そのままに伝えています。その点を理解し、解釈する私たちもその中に身を投げ入れていくことができれば、まさにその内容を、「身をもって」咀嚼《そしやく》することが可能となってきます。

とはいえ、遥《はる》か昔の中国に思いを馳《は》せるのですから、現代に生きる私たちには、理解しづらい部分が多々存在していることも事実です。しかし、その限界を意識しつつも、いにしえの禅者達の生きざまを想像していくと、不可解な禅問答も、それぞれに、なかなかに楽しい味わいを持ったものとなってきます。

本編では、代表的な禅問答を紹介するに当たって、その前に内容的理解の便をはかって、禅思想の概略を解説いたしました。ちょっと教科書的な内容になってしまっていますが、それを道標とすれば、禅問答の解釈がかなり楽になると思います。それは、ある意味「指導要領」のようなものですから、そのような前置きなしに、禅問答に直接触れてみたい方は、問答の解説部分から読み始めていただければと思います。

自己のあり方を奔放に表現したのが禅問答です。ですから、じつは、「これ」と確定できる模範解答は存在しません。解釈は、それに触れる人それぞれに任されているともいえます。それぞれ興味に合わせて読み進め、楽しんでいただければ幸いです。

第一部　禅の思想を知る

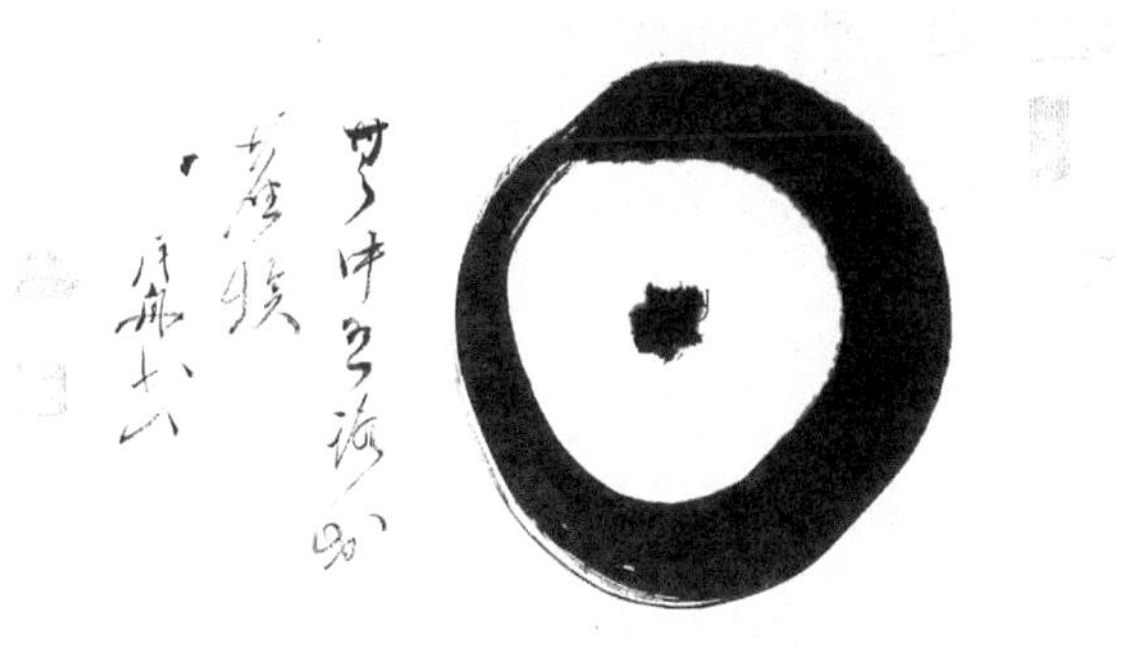

月舟宗胡筆　円相図（駒澤大学禅文化歴史博物館蔵）

一、はじめに

禅問答は、禅の指導者と弟子の間で、あるいは修行者どうしで交わされた対話です。それらはある時は漢詩（韻文）を用い、文語文の引用なども含みながら、話し言葉を中心として記録されています。またそれらは、特別な場所や時を選んで行われた儀礼的な対話ではなく、日常の修行生活のあらゆる場面で交わされた質疑応答の記録です。ですから、その内容も、言葉としては難しい仏教用語や哲学的概念はあまり含まれず、むしろ、修行者たちの生活に即したものとなっているのが特徴です。

しかし、それでも禅問答は、たいへん難解で意味の取りにくいものになっています。それは、問答が昔の中国語（日本人にとっては漢文）で記録されているという理由からだけではありません。忠実に現代日本語に訳してみても、一見しただけでは、その意図するところが見えてこない、まったく嚙《か》み合わない会話にしか思えないところがあるからです。

落語の「蒟蒻《こんにゃく》問答」は、禅問答を題材にした咄《はなし》ですが、そのような会話の嚙み合わない様子が強調され、おもしろおかしく語られています。もちろん落語ですから、かなりの誇張はありますが、その実、なかなかに「禅問答」の特徴を明確に物語る構成となっています。

禅問答は、一見して不可解です。しかし、それらがなぜ禅の教えを示す媒体として伝え遺《のこ》されてきたのかといえば、それは、言語表現に対する、禅の基本姿勢に由来しています。

禅は、「仏法（真理）は、言葉や文字で表現し尽くすことはできない」という考え方を基本にしています。それゆえ、文字による表現を嫌います。これを「不立文字《ふりゅうもんじ》」といい、そこから、坐禅《ざぜん》という実践によって自ら悟ることの重視が導かれます。そしてそのような教えは、言語を超えて「心から心へ」と伝授されるものであるとされるのです。この「心から心への伝授」が「以心伝心《いしんでんしん》」です。

このように、言葉や文字に頼らずに教えを体得し、伝えていくのが禅の基本的な姿勢なのですが、その、「教えを伝える」ためには、どうしても、何らかの形でそれを「表現する」という行為が必要になります。ここに、「言葉や文字で表現できないものを、どうやって表現するか」、という大いなる葛藤《かっとう》が生じるのです。

言葉によらない伝達の手段としては、まず動作や表情による表現が考えられます。しかし、それとて、表現形式に言語を用いていないというだけで、仏法の「限定的な」表現方法の一つにしか過ぎないともいえるのです。このように、何をもっても表現しきれない「真理」を、どのようにして弟子に伝えるか、禅の指導者達は、常にこの葛藤の中にあったといえます。それゆえ、禅の指導者達は、あらゆる手立てを講じました。それが、禅問答の難解さの最も根本にある原因なのです。

多くの指導者達が、このような葛藤の下で表現方法を模索することにより、禅問答は、次のような内容的性格を持つに至りました。これらが複合的に作用して、非論理的で意味の通らないものと捉《とら》えられがちな「禅問答」を作り出しているのです。

・対話の媒体に、その時その場でのみニュアンスを把握できる環境や周囲の事物を用いていること。
・問答が行われた時代や地域特有の言いまわしや喩《たと》えが用いられていること。
・直接答えを示すことをあえて避け、質問者自身に答えを探させるような婉曲《えんきょく》の表現を用いていること。
・パターン化した「模範回答」を嫌って自分独自の表現を模索するため、答えが多様化し、画一的な解釈が困難となること。

このように、禅問答は、表現しきれないものを表現しようとする、という動機の上に立っていますから、いつどのようなシチュエーションでも通用するような「正解」を持つことができないのです。説明的な、あるいは直接的な答え方を嫌い、さらに、複合的に解釈できるような言葉を用いて、わざと真意の確定ができないようにし、最終的には「答えは自分で探す」ことを求めているのです。ですから、ある意味では、禅問答の解釈は、それを解釈する人の数だけ存在していることになる、かといって、それが「禅」の枠組みを逸脱してしまってはいけないので、指導者は、さらに多くの言葉を注いで、修行者を指導することになります。禅問答の多様さ、難解さは、このようにして育《はぐく》まれてきたものといえるのです。

たとえば、次のような問答があります（一三七ページ参照）。


洞山守初《とうざんしゅしょ》（九一〇〜九九〇）という禅僧に、双泉師覚《そうせんしかく》（生没年不詳）が質問した。

「仏とはどのようなものですか（如何《いか》なるか是《こ》れ仏）。」

洞山が答えた、「重さ三斤（当時の度量衡で約七七〇グラム）の麻布《あさぬの》だ（麻三斤《まさんぎん》）。」

双泉は、これを聞いて言った、「そうか、だから南方には竹藪《たけやぶ》があり、北方には森があるのか（南に竹有り、北に木有り）。」（『景徳伝燈録《けいとくでんとうろく》』巻二二）

内容的には、いちおう質問とその答えになっていますが、このままでは、とうてい嚙み合っているとは思えません。それでも質問者は、不思議と納得しているようです。つまり洞山の「麻三斤」という答えに隠された意味を、質問者は理解できているということになります。

その隠された意味については、歴史的にいろいろに解釈されてきました。その中で、近年主流となっているのは、「麻」は麻布、「三斤」は、僧侶《そうりょ》の着る袈裟《けさ》一領《りょう》（一着）分の重さだとするものです。そう解釈すると、洞山は「袈裟一着分の麻布だ」と答えたことになります。これに問答の行われたシチュエーションを加味してその真意を見る、つまり、質問者は禅僧ですから、当然、袈裟を身に纏《まと》っていますので、最終的に、この「麻三斤」は、「麻三斤分の布（袈裟）を身に纏っている君自身だ！」というものになります。

禅では、自分自身はすでに仏としてあるものとし、その自己の本質を明確に認識することをもって、「悟り」とします。自分の本質こそが仏であるとする、本来性の強調です。ですから、この問答で、洞山がそれを率直に教えようと思ったならば、単に、「仏とは君自身である」と答えればよかったのです。しかし、洞山はあえてそうせず、基本理念を、僧の纏っている袈裟で象徴しつつ、さらにその「袈裟」という名称さえも直接使わずに答えたのでした。

このように解釈すると、その後の双泉の言葉の意味は「(仏は自分自身にある) だから、南方には竹が生え、北方には木が多いのか (それぞれの地域が、それぞれに自然のあり方を示しているのか)」と理解できます。袈裟を纏った自分だけでなく、すべての事象がそれぞれに「仏」を表現していることを確認したということです。

これは、洞山の基本理念を受けつつ、その自己の尊厳性の主張を、さらに周辺世界へと敷衍《ふえん》したもので、同じく禅思想の発展形式の一つです。生きものすべて、さらに山や川といった自然環境のすべての〝はたらき〟が仏の現れであることを表現したものです。

つまるところ、この問答は、これらの禅思想の基本を、師と弟子が確認しあったものとなるのですが、それが、最初に箇条書きにしたように、直接的な表現を避け、「その問答の行われた、その場の状況」に依拠しつつ表現されていることによって、その意味するところが大変見えにくくなっているのです。逆にいえば、その場の状況と禅思想の基本を踏まえて意味を探れば、まったく嚙み合っていないように見えた対話に、ある方向性が見えてくるということです。

いにしえの禅者達は、こうして、あえて解りやすい答えを避けることによって、「相手から貰《もら》った答えは、けっして自分の答えとはならない。自分で咀嚼《そしやく》して、自分なりの答えを出してこそ、それは自分の理解となる」という、禅の教えの基本を示しました。

質問者自身が咀嚼し、自分なりに解決しなければならないような「答え」を与えることによって、質問に対して、新たな問題提起を行っているのです。それゆえに、禅問答は理解しがたいのです。自分の悟りは、あくまでも自分で見つけ出すしかない、まさに禅が「自力救済」の仏教といわれるゆえんがここにあるといえるでしょう。

この考え方は、文字に固定された概念の否定に繋《つな》がります。つまり、それがたとえ経典であっても、つまり、釈尊の説法であっても、固定化され、マニュアル化された概念は、その時点で、いま自分が置かれた状況における真の解決とはなりえない、という考え方です。あくまでも、自分自身の、そしてその瞬間を明確に表現することだけが、その場の「生きた」真理であるという、これが、先ほども少し触れた「不立文字、教外別伝《きようげべつでん》（悟りは文字を用いず、教えの外に別に伝わる）」といわれる、禅の言語表現の基礎となる考え方です。

このように考えると、じつは、いま示した解釈すら、絶対化・固定化できないことになります。実際、禅問答の多くが、時代を経て改変されていきます。いにしえの禅者達が示した「公案」＝「真理」であるにもかかわらず、それをそのまま固着化させることを拒み、さらに自分なりの表現で禅の基本を明確化させようと、その体裁を自分なりに斟酌《しんしやく》する、そのようなことが続けられていくのです。

いま紹介した問答は、「洞山麻三斤」と呼ばれ、多くの公案集に採録されています。しかし、それらには、今ここで紹介した問答の前半部しかありません。最後の僧の発言は削除されているのです。このように、禅問答は、その内容自体も、時代を追って変遷しています。つまり、禅問答というのは、ある意味「生き物」で、逐次変化していくものなのです。しかもそれは、多くが短く象徴的になっていく傾向にあります。基本となる内容が変化していくのですから、これもまた、禅問答の難解さの一因となっています。

時代の変化だけではなく、同じような質問でも、答える人の性格によっても表現が変わってきます。

「麻三斤」の公案で質問した双泉のように、仏法の本質を他者に問うということは、問う相手が自分の師匠であったとしても、本来自分で探し出すべき自分の本質を他人に聞いていることになって、質問した時点で、すでに禅の本質からはずれていることになります。ですから、洞山はその間違いを指摘し、答えを拒否してもよかったのです。しかし彼は、端的にではありますが、静かに「麻三斤」と答えていました。

ではこれが、もっと厳しい指導をモットーとする禅僧だったらどうでしょう。たとえば黄檗《おうばく》希運《きうん》（生没年不詳）という禅者は、「仏法の本質とは何でしょうか（如何なるか是れ仏法の大意）」と質問した弟子の臨済義玄《りんざいぎげん》（？～八六七）を、棒でしたたか打ち据えました。とても乱暴に見えますが、今までに見てきた禅の基本から考えると、「叩《たた》かれて（痛みを感じる）己《おの》が身がそれだ！」という、黄檗なりの親切な指導ということになります。

同じ質問に臨済本人が答える場合は、「喝」を用いています。これは、「ウヮー」と大声で怒鳴ること。この場合は、臨済が、自己自身の尊厳性を示したものと考えられます。「ほれ、それならここにすべて現れておるわい」といった趣でしょうか。

このように、禅問答は、同じ質問に対しても、時と場所、人が違えば答えも変わってきます。それが解釈に混乱を招くところでもあるのですが、そこにこそ、禅の思想的特徴に基づいた自己表現があり、質問者と回答者の、生き生きとした人間性のぶつかり合いが存在しているのです。

このような個性溢《あふ》れるパフォーマンスの「本意」を読みとっていくことが、禅問答解釈の醍《だい》醐《ご》味《み》となります。しかしそれは、問答がなされた時代の世相、あるいはその場の周囲の状態などが盛り込まれ、さらに一つの言葉に二つの意味が込められていたりと、極めて複合的となっています。そこで、以下に具体的な禅問答理解の縁《よすが》とすべく、駆け足ですが、禅思想の基本について解説することにしたいと思います。

二、禅思想の基本

今の日本仏教の宗派で「禅宗」に分類されるのは、寺院数の多い順に、曹洞宗《そうとうしゅう》・臨済宗《りんざいしゅう》・黄《おう》檗宗《ばくしゅう》の三つとなっています。これらを総称して「日本禅宗三派」と呼びますが、これらの組織が明確に独立し、宗名を名乗るようになったのは、明治九年（一八七六）からです。それ以前は、宗派の別こそあれ、禅の修行僧達は、共通の思想に基づいて、互いに積極的に交流しながら修行を続けていました。

この禅宗系の諸派に共通しているのは、まず、現実にあるすべての事象に真理を見るという、徹底的な現実肯定の思想です。そしてさらに、次のような基礎概念を有しています。

①経典《きようてん》や文字は直接真理を伝えていないので、それに依拠《えきよ》しない（不立文字《ふりゆうもんじ》・教外別伝《きようげべつでん》）
②自分の本性（本質）は、本来的に清らかなものである（自己本来清浄《じこほんらいしようじよう》）
③悟りとはその清らかな本性を認識し自覚することにある（見性成仏《けんしようじようぶつ》・本来面目《ほんらいめんもく》）
④正しい教えは、釈迦牟尼仏《しやかむにぶつ》（釈尊）以来、師と弟子の心から心へ伝授される（以心伝心《いしんでんしん》）

まず、①についてはすでに少し触れましたが、「文字言句《ごんく》は月をさす指でしかない（言語による説明は真理そのものではなく、道しるべにすぎない）」という考え方に立ちます。これは、菩《ぼ》提達磨《だいだるま》（生没年諸説あり）が依用《えよう》したとされる『楞伽阿跋多羅宝経《りょうがあばったらほうきょう》（四巻楞伽経《しかんりょうがきょう》）』巻三にある「私〈釈尊〉は、悟りを開いてから般涅槃《はつねはん》に入る〈没する〉までの間、一文字も教説を説いたことはない（我れ、その夜に最正覚《さいしょうがく》を得《え》、乃至《ないし》、其の夜に般涅槃に入るまで、其の中間《ちゅうげん》において乃至一字をも説かず）」という一節に基づきます。これは「一字不説《いちじふせつ》」の故事と呼ばれるものです。

そして、②のように、自己存在を、すでに清らかで完成されたものとして徹底的に肯定していきます。

その自覚が③となります。悟りとは、自分の外からやってくるものではなく、あくまでも自己存在を明確に把握し認識するものであるという思想です。「見性成仏」は臨済宗でよく使われますが、自分自身の本性を見出《みいだ》すことによって仏となるという意味。「本来の面目を見る（自分の本当の顔を見る）」も、これと同様の概念を表現したもので、これは曹洞宗で頻繁に用いられます。そして、実践（修行）は、これを自覚するために重要視されるのです。

さらに、その教えの伝播《でんぱ》にも、一切の外的媒体は用いられません。自覚を得た「心」から「心」へと受け継がれて行きます。それが、④の「以心伝心」です。このように「心」を重視することも禅思想の特徴で、それゆえ、禅宗はまた、「仏心宗」と呼ばれることもあります。

これらのほとんどは、その達磨の思想を承《う》けつつ、六代目となる六祖慧能《ろくそえのう》（大鑑禅師《だいかんぜんじ》・六三八～七一三）から、その孫弟子の馬祖道一《ばそどういつ》（七〇九～八八）にかけて体系化されていったものとされています。

これらが禅の基本となる考え方ですが、さらに個々の思想的特徴について、少し解説を加えてみることにしましょう。

(1) 釈尊《しゃくそん》の悟りと坐禅

禅思想の特徴の上に立って、その修行の中核をになっている「坐禅」は、どうして、数ある仏教の修行の中から選び取られたのでしょうか。

それは、釈迦牟尼仏（釈尊）の修行形態に由来しています。中国の燈史（仏陀《ぶつだ》から禅の祖師へと伝わる真の〝おしえ〟の記録集）では、釈尊（初めの名はゴータマ）は釈迦国（現ネパール南部）の王子として生まれ、生老病死の苦悩（思いのままにならない自己の転変）からの解脱を求めて十九歳で出家しました（二十九歳で出家したという伝承もありますが、禅籍では、多く十九歳説が採用されています）。その後、五年ないし六年間の冥想《めいそう》修行と六年間の苦行を行ったものの、その命題を解決することができず、最終的に、菩提樹の下で脚を組んで坐《すわ》り、七日七晩を経て、八日目の未明に、明けの明星を見て悟りを開いたとされています。禅宗各派では、その、釈尊を悟りへと導いた修行として、坐禅を重視しているのです。

釈尊が成道《じょうどう》したのは、旧暦の十二月八日とされています。そこから逆算すれば、坐り始めたのが十二月一日。禅では、この十二月一日から八日までをとても重視し、釈尊の偉業に倣《なら》って、一週間坐りどおしの修行を行います。これを「臘八摂心《ろうはつせっしん》」といいます。「臘八」とは、十二月八日のことです。「摂心」とは、心を落ち着かせること。これが非常に重要な年中行事となっています。このことから、禅が、修行の根幹をどこに置いているのかが明確にご理解いただけるでしょう。

（2）頓悟《とんご》（瞬時の悟り）

禅宗の坐禅重視の姿勢は、釈尊の修行に倣ったものなのですが、修行と悟りとの関係は、釈尊の坐禅そのままではありません。釈尊は、坐禅によって生死の苦悩から解脱し、「正覚《しょうがく》（悟り）」を得ました。しかし、禅の修行は、迷いから悟りへ、凡夫《ぼんぷ》である自分を「仏」という、

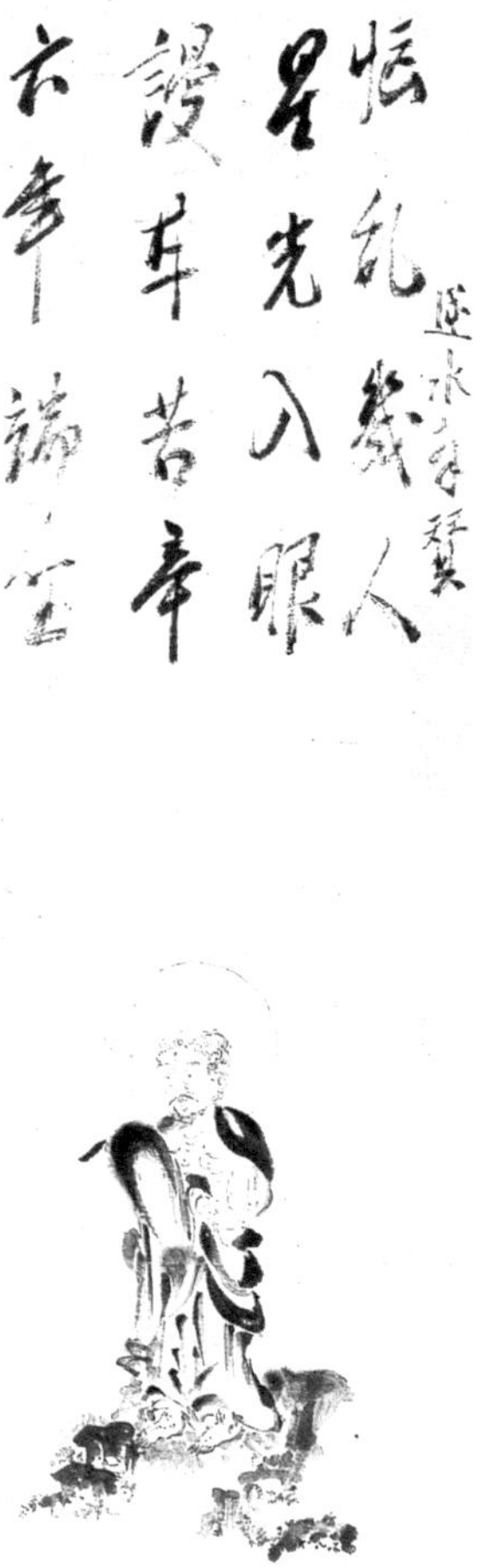

苦行を捨て、最後の禅定へと向かう釈尊（「逆水洞流賛　出山釈迦」駒澤大学禅文化歴史博物館蔵）

自分とは別の何かに改変するものではないとされています。あくまでも「今ここにある存在はすべて仏としてある」ことの認識を悟りとするという、徹底的な現実肯定の意識のもとに実践されるものとなっています。

禅の伝承では、悟った瞬間、釈尊は「私と、大地の生きとし生けるものすべてが同時に成道した（我と大地有情《うじょう》と同時に成道せり）」という言葉を発せられたとされています。つまり、釈尊の成道の瞬間には、釈尊独りが悟りを開いて仏となったのではなく、その他のすべての事象が「仏」としての本質を現したことになっているのです。

禅の修行は、ここを立脚点にしています。つまり、坐禅とは、迷っている者（凡夫）が、悟りを開いて、今までの自分とは別の〝仏陀（覚者）〟となるための自己鍛錬ではなく、「自分が仏（完成者）であることの本質」を認識し、自覚するために行うものとされるのです。

いまの自分を、何か別のものに変えるわけではありませんから、長い修行を経ていなくても、本質に気づきさえすれば、その瞬間が「悟り」となります。ですから、悟りは間髪を容《い》れずにやってくる。これが「頓悟」と呼ばれるものです。ちなみに、これに対して、体に付着した煩悩の塵《ちり》を、修行によって次第に払い落とし、最終的に自分の本質を輝かせるという考え方を「漸悟《ぜんご》（段階的な悟り）」と呼びます。禅の初期には、この両者の考え方が併存していたのですが、その後、中国唐代から現代日本にかけて展開しているのは、頓悟を主張する「南宗禅」の流れのみとなっています。

この「頓悟」をご理解いただくために、少し喩《たと》えを示してみることにします。真っ暗な部屋で、電球のスイッチを入れることを想い浮かべてください。部屋はいつも暮らしている場所で、必要な家具はすべて揃っている。それは、何も足したり減らしたりする必要はない、ただ、明かりを付けるという〝実践〟を行うことによって位置を確認すれば、その瞬間にすべてが明確に把握される、このような瞬時の状況把握が「頓悟」ということになるのです。

このように考えると、いわゆる「修行」のイメージとはかなり相違している印象を受けられるかもしれません。でも、それが禅の修行に対する基本的な考え方なのです。

(3) 悟りと修行

前項で示したように、禅の悟りは、「本来の自己の確認」でした。しかし、本来的に完成された存在であり、かつ瞬時に悟れるのに、なぜ修行道場において厳しい修行を続けなければならないのでしょうか。

それは、禅の悟りそのものが、その時その場の自己表現に他ならないからです。仏陀となるための修行だと、仏陀となった後は、修行は不必要なものとなります。しかしそれを、現時点での自分の本質を「表現」するものと捉えると、それは、「仏陀、いいや、仏陀としての修行」となり、自分が自分であり続ける限り止められないものとなるわけです。

また禅では、悟った状態に安住せずに、さらに仏の上を目指すことを要求されます。これを「仏向上《ぶっこうじょう》（仏の上）」といいます。ただ、「仏の上」といっても、「仏」は最高の境涯ですから、それを超える場所や概念を具体的に設定することはできません。それでもあえて、「上」というのは、つまり、自分がすでに完成している（仏である）という教えに安心し、何もしなくなってしまうことに対する警鐘に他なりません。禅の修行とは、「仏になる」ためのものではなく、「仏としてある自分を維持する」ためのものであるという、「仏としての修行の継続」を別の言葉で表現したものということになるのです。

先ほど、頓悟を「部屋の明かりを付ける」ことに喩えました。その延長線上にこの修行を位置づけると、灯《とも》そうと思った電球が、じつはダイナモライトだったということになります。つまり、スイッチを入れれば普通の電球は点灯する、しかしそれがダイナモライトだったとすると、光を放ち続けるためには、ひたすら回し続けなければなりません。少しでも休むと、悟りの光は消え失《う》せ、元の暗闇に戻ってしまうのです。それを防ぐためには、「ダイナモを回す」という継続的な実践修行が必要不可欠となってくるというわけです。これが、禅で頻繁に用いる「仏としての修行」の理屈です。

日本の臨済宗では、「公案」という参究課題を通過することによって証悟を得ます。しかしそこで止まることはしません。さらにまた次の公案を与えられ、さらなる悟りへと向かっていきます。曹洞宗では、自分自身を確認し続けるため、修行道場の規則に則《のっと》った修行生活の継続が要求されるのです。

いずれにせよ、悟りは簡単にやってくる、というより、もとから保有している。しかしそれを常に意識的に確認し続けなければ、すぐに見失ってしまうことになる。それゆえ、そこに多大なる努力が払われなければならないということなのです。これが、禅修行の継続性の要求ということになります。

禅問答は、教えの基本や心構えについての遣《や》り取りです。ですから、そこは「本質的悟り」という、極めて肯定的な論理が前面に押し出されます。それに対して、現実の実践は、強烈な自己規程を伴った、極めて禁欲的な色彩が前面に現れてきます。この両者のギャップが、「禅問答をたのしむ」で触れた禅問答のイメージの両面性へと繋がっていると考えてもよいでしょう。

繰り返しになりますが、禅問答は、その時代時代に、禅の思想を意識しながら生きてきた人達の対話をそのまま記録したものです。いまここでの解説を理解された上で禅問答に触れることによって、いままで雲を摑《つか》むようであった禅問答にも、少しは理論的な部分のあることをご理解いただけるのではないかと思います。

第二部　代表的な禅問答

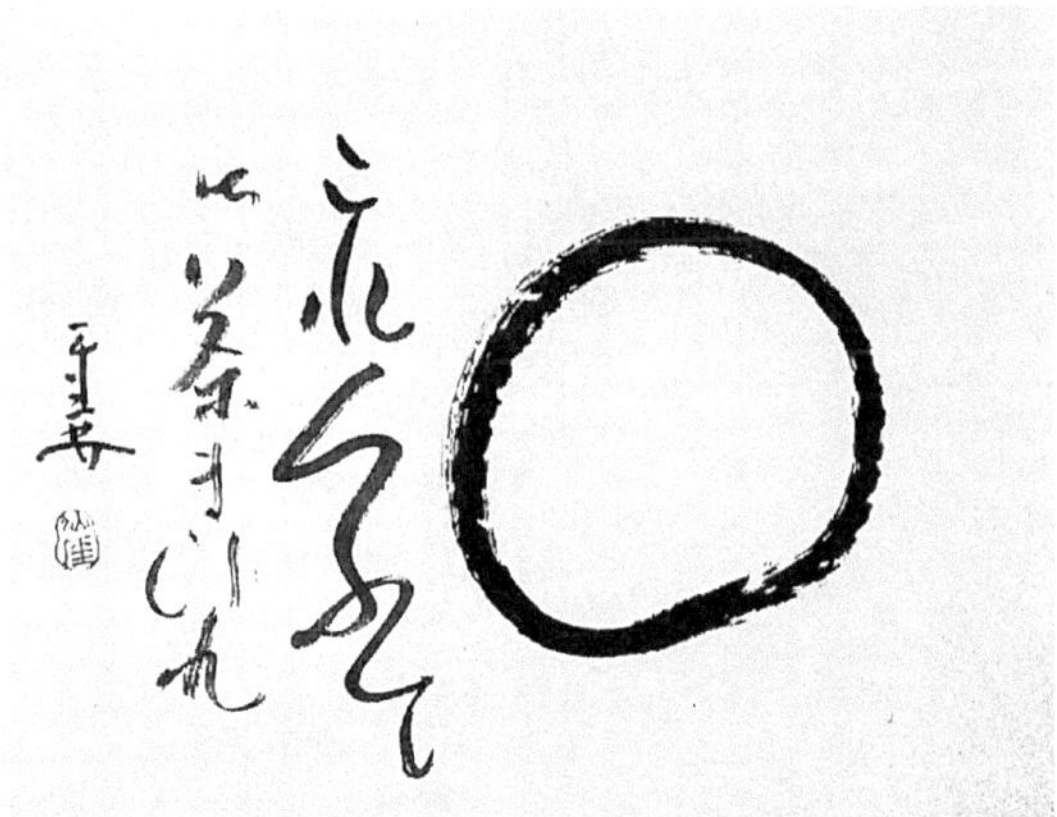

仙厓筆　円相図（福岡市美術館蔵）
水上勉・泉武夫『白隠・仙厓』（講談社）

いにしえの禅僧達は、いろいろな言葉や行動で「おしえ」を表現してきました。それが、後の修行者達の規範として記録され、残されたものが「公案」です。それらが、特定の経典や論典（経典の解説書）に依らないがゆえに、極めて自由で多彩なものとなっていることはすでに触れたところです。

もちろんその数も大変多いのです。一般に「一千七百則の公案」などと呼ばれていますが、この一七〇〇という数字は、じつは公案の数ではなく、公案を残した禅僧の数なのです。具体的には『景徳伝燈録《けいとくでんとうろく》』という禅の歴史書に名を連ねる僧の人数なのですが、そのほとんどが複数の機縁を残していますから、公案の全体数は、さらにその数倍以上ということになります。

この公案には、種々の行動の記録（もちろんそれは、一風変わったものであることがほとんどですが）や、経典の言葉の解説なども含まれていますが、多くは師匠と弟子、あるいは僧侶《そうりょ》どうしの質疑応答の形式となっています。それが、一般にいわれる、「禅問答」ということになります。

ここでは、その「禅問答」の中から、禅の歴史的展開を示す代表的な逸話や、第一部で触れた禅の基本思想を特徴的に示したものを選び出してご紹介することにします。

第一節　達磨《だるま》と慧能《えのう》

禅といえば、やはりその創始者である菩提達磨《ぼだいだるま》と、六代目で禅の思想を大成させたといわれる大鑑慧能を抜きにして語ることはできません。そこでまず、二人の性格を特徴付ける問答を一つずつご紹介します。

これらはもちろん、禅思想の基本的な立場を表現したものですが、それと同時に、禅の「修行・実践」に対する意識も示されています。坐禅《ざぜん》と日常生活とがどのように関連付けられるか、という方向から見ていただくこともできるものです。

（一）尊いものなど何もない――菩提達磨の九年の坐禅――

梁《りょう》の武帝が、達磨大師に質問した、「仏教の聖なる真理の最も肝要なところとはどのようなものでしょうか。」

達磨が答えた、「すべてがさっぱりと開けていて、どこにも聖なるものなどない。」

帝がさらに訊ねる。「私の目の前にいるそなたは、何者なのか。」

達磨云く、「私にも判《わか》らぬ。」

武帝は、達磨の発言の意図が理解できなかった。

かくて、達磨は長江を渡って嵩山少林寺《すうざんしょうりんじ》に入り、九年間、壁に向かって坐禅をするのみであった。


梁の武帝、達磨大師に問う、「如何《いか》なるか是《こ》れ聖諦第《しょうたいだい》一義《いちぎ》。」

磨云く、「廓然無聖《かくねんむしょう》。」

帝云く、「朕《ちん》に対する者は誰《た》そ。」

磨云く、「識《し》らず。」

帝、契《かな》わず。遂《かく》て江《こう》を渡りて少林に至り、面壁九年《めんぺきくねん》す。


梁武帝問達磨大師、如何是聖諦第一義。

磨云、廓然無聖。

帝云、対朕者誰。

磨云、不識。

帝不契。遂渡江至少林、面壁九年。

（『従容録《しょうようろく》』第二則）


これは、中国で禅宗を創始した菩提達磨が、南インドから中国南海（現在の広東）に到着した後、最初に交わした問答とされるものです。

インドにおいて、釈尊より伝わった正しいおしえ（正伝の仏法）の二十八代目の継承者となった達磨は、師匠の般若多羅《はんにゃたら》から、自らの死後、六十三年を経て中国へ行くべきことを遺言されます。それは、中国で廃れかかった仏法を再興するためでした。

当時、中国南部を統治していた梁の武帝は、仏教を篤《あつ》く信仰し、仏教擁護政策を敷いていました。その武帝が、達磨の到着を聞き知って都に迎え、そして投げかけたのがこの質問だったのです。

武帝の質問した「聖諦第一義」とは「聖なる真理の中心となるところ」のことです。

もちろん、仏教を擁護していた武帝ですから、それがどのようなものであるか、ある程度の教えは受けていたはずです。それをあえて質問したのは、本場のインドからやって来た高僧が、それをどのように表現するのか試してみようという気持ちもあったかもしれません。

そのような武帝の意図を知ってか知らずか、達磨の答えは「聖なるものなど何もない」と、木で鼻を括《くく》ったような素っ気ないものでした。

しかし、考えてみれば、聖なるものをすべて否定してしまうことは、仏教の根本的な命題である「悟り」をも否定してしまうことになります。更にいえば、この答えは、インドで悟りを開き、それによって武帝の帰依を受けている自分自身の存在価値をもなくしてしまうことになりかねません。

ではなぜ達磨はこのように答えたのか、それは禅の基本思想と深く関連しています。禅では、この世界のすべての存在が、本来的に清らかであるとします。徹底的な現実肯定の思想です。ですから「聖なるものとは？」と聞かれたら、「すべてが尊い」と答える、それが、禅の模範的な回答となります。しかし達磨は、そのような素直な答え方はせず、むしろそれを逆転させて、「すべてが尊いからには、その中から、〝特別に貴いもの〟を探し出そうとしても何も見出《みいだ》せない」、という意味で、「尊いものなど何もない」と答えたのです。

しかし、達磨はどうして素直に答えを示さなかったのでしょうか。達磨がすぐに模範回答を示せば、武帝は満足し、この会見は円満に終了したはずです。しかし、達磨は、それをしなかったがために、武帝の理解を得られず、不興を買ってしまいました。

それは、達磨が、武帝自身にその答えを探させようとしたからなのです。禅では、親切に答えを示すのは、まったく不親切な指導となります。なぜなら、自己を認識できるのは、自分自身以外にはあり得ないからです。「外から来たものは自分の宝物ではない（門より入る者は家珍ならず）」（『景徳伝燈録』巻一五「洞山良价《とうざんりようかい》」章）という言葉がありますが、このような意識があったからこそ、達磨は、相手の求める「親切な回答」を拒否したのです。

さて、達磨の意図がまったく理解できなかったがゆえに、武帝は次の質問を繰り出します。「私の前にいるそなたは、いったい何ものなのか」と。これは、達磨の対応にかなり立腹しての問いかけと思われます。「わけのわからんヤツだ、そなたはいったい何者だ」といったニュアンスでしょう。

ここで鄭重《ていちよう》に答えれば、さらに帝の機嫌を損ねることはなかったであろうものを、達磨はまたしても「私にも解らない」と、素っ気ない対応をしてしまいます。

この答えは、私たちの心境に当てはめてみても、そのまま理解できるような気がします。自分自身が何か、それは自分が一番解らない。自分は自分で探すしかない、とはいいながらも、結局それが一番解りにくいもの、やはり自己把握は簡単にはいかないというところでしょう。ある意味、この葛藤《かっとう》の克服が、「悟り」ということになるのかもしれません。

いずれにしろ、武帝はこれもまったく理解できませんでした。その様子を見た達磨は、武帝とはまったく嚙《か》み合わないことを理解し、長江を越えて北の魏《ぎ》の国へと入ってしまいます。そして辿《たど》り着いたのが嵩山少林寺でした。

達磨は、その少林寺の岩窟《がんくつ》において、今度は多くを語ることなく、亡くなるまでの九年間、ひたすら壁に向かって坐禅し続け、それによって、人々に教えを示したのです。これが、達磨九年の面壁といわれる故事となっています。

《解説》

菩提達磨とは、サンスクリット語（印度の古語）の Bodhidharma（ボディダルマ）の発音をそのまま漢字に直したもの、音写語といわれるものです。意味は Bodhi が「菩提」、つまり「悟り」で、Dharma は「法」、真理とか教えという意味で、とうてい実名とは思われません。年齢も、

武帝に見切りをつけて北魏へ向う達磨は蘆の葉に乗って長江を渡ったという（卓洲胡僊画賛「蘆葉達磨図」駒澤大学禅文化歴史博物館蔵）

この時すでに百四十歳を超えていたことになります。その意味では、ここに登場する達磨像は、その後に禅宗が展開していく中で必要とされ、造り上げられていったものといえます。

その象徴的人物像とは、第一は、政治権力と一線を画した孤高の祖師という一面です。インドから到着した自分を、わざわざ迎えてくれた皇帝にすら、何ら怖《お》じることなく自説を単刀直入に説き示す。結果的にそれが受け入れられないと知るや、踵《きびす》を返して北に向かう、そのような人物像が明確に示されています。それはある意味、旧来の中国仏教のあり方とは違う、新たな（しかしそれはインド伝来の正統な）教えの体現者としての位置づけとなります。

その思想的な特徴は、すでに述べたところですが、じつは、現代にまで伝わっている禅思想は、歴史的には、達磨から数えて六代目の慧能によって確立されたとされています。慧能の禅思想については別に触れますが、この問答では、すでにそれが、達磨によって明確に表現されていたこととなっています。

もう一つは、やはり「九年間坐《すわ》り続けた人」としての達磨像の構築です。少林寺に入ってからのことは、ただ「面壁九年」という一言で表現されていますが、このように多くを説明しないことによって、さらに「坐禅のみ」の重みが強く感じられます。この祖師像も、やはり禅修行の基本といえるでしょう。

この問答では、このように、その後に展開した禅の基本イメージとしての達磨像が表現されているのです。

ところで、じつは、ここで紹介した『従容録』では省略されていますが、この時、達磨と武帝との間には、もう一つの問答がなされていたのです。それは、武帝が自分の行ってきた仏教擁護政策について尋ねたものでした。これも禅の心を知るのに重要な問答ですので、次に紹介することにしましょう。

（二）何も求めないこころ――無所得――

帝は訊ねた。

「私は即位して已来《いらい》、寺を建て、経典を書写し、僧を得度させ〈仏教を擁護して〉数えきれないほどである。これにどのような功徳があるだろうか。」

達磨は、「まったく功徳などありません」と答えた。

武帝がさらに質問した。「いったいどうして功徳がないのか。」

達磨が答える、「(自分に対しての良い見返りを期待しているうちは)、陛下の行為はただ迷いの世界における些末《さまつ》な成果にすぎず、むしろ執《とら》われの原因となります。影がものの動きに随《したが》うようなもので、形はあったとしてもそれは実像ではないのです。」

武帝が尋ねる、「では、真実の功徳とはどのようなものなのか。」

達磨は答えて言った、「清らかな智慧《ちえ》というものは、もともと円満なるものであり、その実体は、おのずから空寂《くうじゃく》（決まった形を持たず、静かなる状態）なのです。ですから、このような功徳は、世俗の中で求めることはできないのです。」


帝（梁の武帝）曰く、「朕《ちん》は即位して已来《いらい》、寺を造り、経を写し、僧を度《ど》すること勝《あげ》て紀すべからず。何の功徳か有る。」

師（達磨）曰く、「並《すべ》て功徳なし。」

帝曰く、「何を以《もっ》てか功徳なき。」

師曰く、「此《こ》れ但《た》だ人天《にんでん》の小果、有漏《うろ》の因なり。影の形に随うが如く、有りと雖《いえど》も実に非《あら》ず。」

帝曰く、「如何《いか》なるか是れ真の功徳。」

答えて曰く、「浄智《じょうち》は妙円《みょうえん》にして、体、自《おの》ずから空寂なり。是《かく》の如き功徳は世を以て求むことあらず。」


帝問曰、朕即位已来、造寺写経度僧不可勝紀。有何功徳。

師曰、並無功徳。

帝曰、何以無功徳。

師曰、此但人天小果有漏之因、如影随形、雖有非実。

帝曰、如何是真功徳。

答曰、浄智妙円体、自空寂。如是功徳不以世求。

（『景徳伝燈録』巻三）


仏教を擁護してきた武帝は、お寺を建てるなど、仏教に対して行ってきた施策に対して、「どのような功徳（良い結果）があるか」と訊ねます。武帝としては、自分の行った労苦に対して、何らかの「見返り」を期待するのは、ごく自然な成り行きといえるでしょう。しかし達磨は、またしてもそれを、「功徳などない」と、バッサリ切って捨てます。さすがにここまで来ると、武帝が少しかわいそうにも思えてきます。でも、これにもやはり理由があるのです。

武帝の「どうして功徳がないのか」という切り返しに対する達磨の答えが、それを示しています。

「これ（お寺を造ったり経典を写したりすること）は、むしろ煩悩を起こす原因となってしまう」、つまり、いくら善い行いをしても、見返りを求める心を起こせば、それ自体が「欲」になり、仏教の本質とはかけ離れたものになってしまう、だから見返りを求めてはいけないというのです。

これを聞いた武帝は、いちおうは理解できたのでしょう、「真の功徳とは」と素直に教示を求めます。

それに対する達磨の答えは、「清らかな智慧は、常に完全な形としてある。その本質は、常に、なんの執われもない静かな状態である。このような（真の）功徳は、世俗では求められないのだ」というものでした。

これは、禅思想の特徴と仏教の根本となる教えを示したものです。最初の「清らかな智慧は、常に完全な形としてある」という部分は、禅の「この世界はすでに悟りとしてある」という教えを表現したものです。次の「本質は空寂である」とは、「すべての存在は常に変化し、固定的な実体を持たない」という、仏教の根本教理である「空」の教えをふまえたものです。

このようにして達磨は、まだ「功徳」にこだわる武帝に、それがなにか特別な形として存在するものではないことを示したのです。

最後に、それを「世俗では得られない」としたのは、一般社会での生活を全否定し、出家者のみを評価したものではありません。「どんなにカネやモノを積んでも得られない」と、武帝の思いを牽制《けんせい》した発言と解釈しておくべきでしょう。

つまるところ、達磨は、真理は普遍的に存在し、かつ実体はないから、それらに対する行為による「功徳」など求めようがない（功徳も形がない）という方向で、武帝の「功徳」へのこだわりを抑え込んだということになるのです。

《解説》

この問答は、「功徳の有無」について論じられていました。一般に、何か善い行いをしたとき、それに対する見返りを期待することは、けっして非難されることではありません。しかし、達磨は、武帝の期待を真っ向から否定してしまいます。

それは、この「自分への見返りを求めること」自体が、「有所得《うしょとく》」という、大乗仏教で否定される考え方だからなのです。大乗仏教の根本的な考え方には、「利他《りた》」の教えがあります。インドからシルクロードを通って中国・日本へと伝播《でんぱ》した大乗仏教は、なるべく多くの人々に成仏の可能性を広げようとするものでした。その考え方から、「利他」の教えが展開してきたのです。

これは、自分のことよりも他者の利益を優先するという考え方です。その実践者として最も有名なのが観世音菩薩《かんぜおんぼさつ》（観音菩薩《かんのん》）です。すでに成仏できる状態にありながらも、他の人々すべてが成仏するまでは、菩薩（修行者）として、人々の救いを求める声を聞きとどけて救済し続ける、この「利他」の教えは、大乗仏教の重要な教理の一つとなっています。

それゆえ、「自己の利益のため」の行為は、けっして肯定されることはないのです。武帝は、確かに仏教のために努力しました。しかし残念ながら、その先に自分の利益を期待してしまった。そこを達磨に切って捨てられたのです。

では、「人のためにする行為」とはどのような心構えなのでしょうか。それを分かりやすく説き示した一節が、道元《どうげん》の『正法眼蔵《しょうぼうげんぞう》』の「菩提薩埵四摂法《ぼだいさつたししょうぼう》」という巻に見られるのでご紹介しましょう。

【原文】
窮亀《きゅうき》をみ、病雀をみしとき、かれが報謝をもとめず、ただひとへに利行にもよほさるるな

追いつめられた亀や、病気の雀と出会った時、彼らからの恩返しを求めず、ただひたすらに利行《りぎょう》〈の教え〉に促され〈て彼らを助け〉るのである。愚かな人は、他人の利益を優先したら、自分の利益が削り捨てられてしまうと考える。しかしそうではない。利行とは、〈自他のない〉一つの教えであり、自他のすべてを利することなのである。

り。愚人おもはくは、利他をさきとせば、みづからが利はぶかれぬべしと。しかにはあらざるなり。利行は一法なり、あまねく自他を利するなり。

この巻は、菩薩のなすべき四つの行為（布施・愛語・利行・同事）について解説した巻ですが、この一節は、その中の「利行」に関する部分です。一見して明らかなとおり、ここでは、自分への見返りを一切期待しない行為が利他とされています。まさしく「有所得」の否定といえます。そして、他人を利すると自分の利益がそがれるという浅薄な発想を退け、他人の利益がそのまま自分の利益であるとするところに、仏行としての利行があるとされています。

この一例を見れば、達磨の答えの意味が明確になるでしょう。「自分への見返りを期待する」ことは、仏教の目指すものではないのです。そして、自分の利益と他人の利益を区分せず、「智慧が、はじめから円満に備わっている」という世界的視野と、「本質は、執《とら》われなきものである」という冷静な判断を持つことにより、自分の利益のみを求める気持ちを一切持たなくなること、それこそが仏教における「真の功徳」ということになるのです。

この資料では、達磨は、武帝との間に、これら二つの問答を交わした後、長江を越えて少林寺に入ることになります。

このように、達磨は武帝に、禅の基本的な考え方と共に大乗仏教の基本に則《のっと》った「利他の教え」を示したのですが、それは残念ながら受け入れられませんでした。それゆえ、これから後の達磨は、言葉ではなく、「面壁坐禅」という実践を用いて人を導く道を選択したのです。それが、象徴的に「九年間の坐禅」として、後世に語り継がれているのです。

達磨大師と起き上がり小法師

達磨さんといえば、まず、赤くて丸い、起き上がり小法師のだるま人形が思い浮かびます。この人形は、菩提達磨の坐禅している姿をモチーフにしたものです。それに手足のないのを、「達磨は九年間も坐禅し続けて、手足が取れてしまったから」とする俗説がありますが、これは間違いです。達磨人形に手足がないのは、モデルになった達磨が、寒さ除《よ》けに用いる「被《ひ》」と呼ばれる布を全身に纏《まと》っていたから、つまり手足を隠して坐禅していたからなのです。

達磨は南インドの出身ですから、中国北地に位置する少林寺では、やはり寒さが身に沁《し》みたのでしょう。いつもこの布を羽織っていたようで、日本でも、古い達磨の肖像画を見ると、ほとんどが、煉瓦《れんが》色の布を纏って手足を隠した姿で描かれています。さらにこれをデフォルメしたのが、起き上がり小法師のだるま人形なのであって、けっして手足が落ちているのではありません。

それからもう一つ、だるま人形は、願いが叶《かな》った時に、黒々と瞳《ひとみ》を書き込むのが慣《なら》わしです。選挙の後などによく見る光景ですが、じつは、歴史上の達磨は、青い眼をしていたことになっています。水墨画の達磨が、ほとんど三白眼に描かれているのも、この、「青」

を薄墨で表現しているからなのです。ですから、本来ならば、だるま人形にも青い眼を書き込んであげるべきなのですが、さすがにそれは違和感が強すぎると思いますので、お勧めしないでおくことにいたします。

（三）人の本質に上下はない―慧能の仏性問答―

唐の咸亨《かんこう》年間（六七〇～六七三）に、姓を盧《ろ》、名を慧能《えのう》という一人の居士《こじ》がいた。新州（広東省新興市）から〈馮茂山《ふうもざん》に〉やって来て、五祖《ごそ》の弘忍《こうにん》と初めて対面した。

弘忍がまず問うた、「あなたはどこから来られたのか。」

慧能、「嶺南《れいなん》（中国南部地方）からまいりました。」

弘忍、「何を目的としておられるのか。」

慧能、「ただ仏となることのみ求めております。」

弘忍、「嶺南の人には仏性《ぶっしょう》（仏となる本質）がない。どうして仏になどなれよう。」

慧能、「人には（出身によって）南と北の違いはあるでしょうが、どうして仏性がそうでありましょうか（仏となる本質に違いはありますまい）。」

弘忍は、この居士に仏法を体得する力量のあることを知ったが、（逆に）叱りつけて言った、

「米つき小屋にでも落ち着きなさい。」
慧能は挨拶《あいさつ》をして退き、米つき小屋に入った。そこで臼《うす》と杵《きね》の間で（米をついて）働き、昼夜に休むことがなかったという。

咸亨《かんこう》中に一居士有り、姓は盧、名は慧能。新州より来たり参じて、師に謁《えっ》す。
問うて曰く、「汝《なんじ》、何《いず》れより来たれる。」
曰く、「嶺南。」
師曰く、「何事を須《もと》めんと欲《おも》う。」
能曰く、「惟《た》だ仏と作ることを求むるのみ。」
曰く、「嶺南の人には仏性無し。若為《いかん》が仏を得ん。」
能曰く、「人には即ち南北有るも、仏性は豈《あ》に然《しか》らんや。」
師、是《こ》れ其《そ》の器なるを知りて、乃《すなわ》ち呵《か》して曰く、「槽《そう》檞《しょう》に著き去れ。」
能、作礼して退き、便《すなわ》ち碓坊《たいぼう》に入る。杵臼《しょきゅう》の間に服労して昼夜に息《やす》まず。

咸亨中有一居士、姓盧名慧能。自新州来参謁師。
問曰、汝自何来。
曰、嶺南。
師曰、欲須何事。
能曰、惟求作仏。
曰、嶺南人無仏性、若為得仏。
能曰、人即有南北、仏性豈然。
師知是其器、乃呵曰、著槽檞去。
能作礼而退、便入碓坊。服労於杵臼之間、昼夜不息。（『天聖広燈録《てんしょうこうとうろく》』巻七）

これは、中国禅宗五代目の弘忍と、その後を嗣《つ》いで六祖となった慧能が初めて会った時に交わされた問答です。

唐の咸亨年間、中国南部の新州の街中での出来事でした。薪を売っていた慧能が、どこからともなく聞こえてくる読経の声に心を動かされます。それは、『金剛般若経《こんごうはんにゃきょう》』の「一切の執われのないところでその〈清らかな〉心を生じさせなければならない（応《まさ》に住するところ無くして其《そ》の心を生ずべし）」という一節だったとされています。樵《きこり》をして生計を立てていた慧能は、これを聞いて出家を志します。そして、はるばる蘄州黄梅《きしゆうおうばい》県（湖北省）の馮茂山に弘忍を訪ねたのでした。伝承では、慧能は貧相な小男で、この時はまだ無学で文字も読めなかったとされています。

その慧能に、まず弘忍は、「どこから来たのか」と問いかけます。これは、出身地を訊《たず》ねる場合だけでなく、修行の経歴を問う場合など、初対面の修行者に対して常套的に用いられる問いかけです。相手の経歴を訊ね、どのような人物で、どのような修行を積んできているのかを確かめようとしたものなのです。

このような問いかけに対して、慧能は自らの出身地を答えます。彼は、出家を思い立ってそのまま弘忍の元にやって来たのですから、これ以外の答えなど用意しているはずはありません。ありのままの心境を素直に答えたのでした。

これで、弘忍には、仏道修行にまったくの初心者であることが判ったはずです。「その地方の出身者は成仏できない」と。しかし、なぜか弘忍は、慧能に対してとても厳しい一言を浴びせかけます。「その地方の出身者は成仏できない」と。

これはとても差別的な発言ですが、もちろん、弘忍の本心ではありません。この全否定にどのように対応するか、それによって彼の素質を確かめようとしたものといえます。

それに対して慧能は、簡にして要を得た対応をします。それが「あなたと私の仏性（仏としての本質・可能性）は、どこが違うのですか（すべての人々が同様に持ち合わせているはずです）」という発言です。これは、『涅槃経《ねはんぎょう》』の「生きとし生けるものはすべて仏性を具有している（一切の衆生《しゅじょう》は悉《ことごと》く仏性有り）」という教えに合致しています。とはいえ、無学な慧能が、この時点でそのような教理的な知識を持ち合わせていたはずはありません。慧能は、そのような基礎知識なしに、ずばりと仏性の本質を指摘してしまったということなのです。

これで、弘忍は、この無学な樵の秘められた才能を認めざるを得ませんでした。そして入門を許すのですが、その場では出家させませんでした。あえて強い口調で「君は、米つき小屋ででも暮らしなさい」と、正式の僧侶としてではなく、行者《あんじゃ》と呼ばれる、未出家の下働きとして修行道場に導き入れたのでした。

この「米つき小屋で暮らせ」とは、とても悪い待遇です。しかし、この時すでに弘忍は、この居士（在家の仏教信者）が自分の跡継ぎとして中国禅宗の第六祖となるという予感がありながら、それでもあえてこのような処遇をしたことになっています。それは、この時、五祖に、目の前の貧相な男が、その後の禅に革命的な展開をもたらす存在であるという予感があったからだとされています。

慧能も、五祖の気持ちを察して素直に受け入れ、行者として米つき小屋に入り、ひたすら精米の仕事に従事しました。そして八ヶ月後、なんと五祖は、いまだに出家していない慧能の力量を認め、行者の身分のまま、禅の六代目（六祖）にしてしまったのです。

慧能は、米つきだけで第六祖となりました。それ以外に仏道修行らしきことはしていません。これが、禅の革命的展開の内容の一つです。彼はなんと、禅の修行を、「坐禅」という一つの修行形態から、生活全般へと解き放ってしまいました。その基本にあるのが、「すべての人には等しく仏性がある」というこの問答なのです。

ある伝記では、慧能の体重があまりに軽く、うまく米がつけなかったため、腰に石を括《くく》り付けて体重を増やして作業をしたという伝承もあります。現在でも、馮茂山には、慧能が腰に括り付けた石なるものが残されているといいますが、さすがにその信憑性《しんぴょうせい》には、大いに疑問があるところです。

《解説》

この問答の登場人物、中国禅宗の第五祖大満《だいまん》弘忍（六〇一～六七四）は、馮茂山（東山）において、第四祖の造り上げた禅僧集団（東山《とうざん》法門）を大きく発展させた人です。門下の僧侶は、四百人とも五百人ともいわれています。その弟子となった大鑑《だいかん》慧能（六三八〜七一三）は、六代目を継いで、現在に至る禅の思想的基盤を確立した人とされています。

その思想的特質は、自分自身の「自性（仏としての本質）」を明確に把握すれば、それがそのまま悟りであるという、徹底的な自己肯定にあります。自分自身に気づきさえすればよいので、気づいた瞬間が悟りとなります。これが「禅思想の基本」でも述べた「頓悟《とんご》（瞬時の悟り）」の思想です。この教えは、慧能のところで確立されたものなのです。

この問答ではまず、この「仏性」について、人々が、一切の区別なく、平等に可能性のあることが確認されます。これは大乗仏教に通底する考え方です。これが禅思想の基盤となります。これがこの問答の主題となっています。

さらにもう一つ、重要なポイントがあります。それは、慧能が「米つき」をしたということ。問答は、米つき小屋に入れられたところで終わっていますが、慧能が、この「米つきという修行」だけで自己を見出し、六祖となったこと、そしてそれが、その後の禅修行の革命的展開のもととなったことはすでに触れました。

この、修行に対する考え方（修行観）も、禅の大きな特徴となります。自分自身の「仏性」は、具体的な実践によってはじめて認識されます。自分自身の本質を認識するには、自分自身で努力するしかない、そのような発想です。

その実践の中心となるのは、もちろん「坐禅」です。ただ、慧能にとっての実践は、坐禅ではなく米つきでした。しかもそれは、まだ出家する前のことだったのです。これによって、禅の修行は、「坐禅」だけでなく、日常生活一般へと開放されていくことになります。

これは、インド以来の仏教の戒律観念を大きく翻すものでもありました。この後、禅は、集団で行う農作業や営繕などの日常の活動（普請作務《ふしんさむ》）を、修行僧達が集団で行うようになります。じつは、インドで作られた戒律では、このような生産活動は一切禁止されているのです。それを逆に、積極的に「修行」と位置づけていく、その淵源《えんげん》となったのが、この慧能の「米つき」だったのです。

達磨の「面壁九年」では、ひたすらに坐り続ける修行が強調されていました。もちろんそれが禅の修行の中心となっています。しかし、坐禅だけではなく、それ以外の、人が生きて行く上で必要な活動のすべてが、「自己を見出す」ための修行である、そんな考え方も禅思想には存在しているのです。

道元は、「只管打坐《しかんたざ》（ただ坐ること）」を主張しました。しかし、それとともに、それぞれ個々に選び取った日々の生業を真摯《しんし》に実践することの重要性も指摘しているのです。それは「遇一行、修一行（一つの実践に遇《あ》ったら、それのみを実践する）」という言葉で表現されています。禅の思想には、坐禅の強調だけでなく、このような、自ら選び取った実践を懸命に究めることを究極の自己表現とするという普遍性も存在しているのです。

第二節　「こころ」の捉え方

禅の思想では、仏教の正しいおしえは、心から心にだけ伝わる、「以心伝心《いしんでんしん》」を標榜《ひょうぼう》します。そうなりますと、主体となる「心」は、あたかも確固として動じない、絶対なるもののように感じられてしまいます。しかし果たしてそうでしょうか。現実の自分自身を省みても、「心」は常に揺れ動き、留《とど》まるところを知りません。じつは、禅では、この現実に揺れ動く心（心象）そのものを、仏としての自己の本質とし、それと真っ正面から向き合うことを要求します。では「自分の心と向き合う」とはどのようなことなのでしょうか。ここでは、その「心」の把握方法に関する問答を紹介してみることにします。

（一）捉えられない心―安心問答《あんじんもんどう》―

達磨《だるま》が壁に向かって坐禅《ざぜん》していると、雪の降りしきる中でずっと立っていた慧可《えか》が、自分の（左）腕を切り落として言った、「弟子《わたし》は心が不安でなりません。お師匠さん、どうか私の心を落ち着かせてください。」

達磨が言う、「（その不安な）心を取り出してみよ。そうしたら君のために落ち着かせてあげよう。」

　慧可が言う、「心を探し求めましたが、結局、取り出せません。」

　達磨が諭した、「これでもう、私はあなたの心を落ち着かせた。」


達磨、面壁《めんぺき》し、二祖、雪に立ちて臂《うで》を断ちて云く、「弟子、心、未《いま》だ安《やす》からず。乞《こ》う、師、心を安んぜんことを。」

磨云く、「心を将《も》ち来れ。汝《なんじ》が与《ため》に安んぜん。」

祖云く、「心を覓《もと》むるも了《つい》に得べからず。」

磨云く、「汝が為に心を安んじ竟《おわ》んぬ。」


達磨面壁。二祖立雪断臂云、弟子心未安。乞師安心。

磨云、将心来。与汝安。

祖云、覓心了不可得。

磨云、為汝安心竟。

（『無《む》門関《もんかん》』）


　この問答は、慧可が、自らの覚悟を示すために、左腕を切り落とす場面から始まります。慧可は、この後に達磨の法を嗣《つ》いで中国禅宗の第二祖となります。これは、その入門に当たっての壮絶な意思表示でした。

　慧可は、達磨への入門を願って、雪の降りしきる中、夜を徹して達磨の坐《すわ》る岩窟《がんくつ》の前に立ち続けていました。翌朝、膝《ひざ》までの雪に埋もれた慧可を見て、達磨はやっと声を掛けます、「あなたは何を求めてやってきたのか」と。

それに対して慧可は涙ながらに教えを請うのですが、それに対する達磨の答えは冷たいものでした。

「仏道とは、長く苦しい修行を経て、堪え難きを堪えてこそ達成される。小賢《こざか》しい知識と軽薄な気持ちでたどり着けるはずがない。」

これを聞いた慧可は、やおら腰に携えていた護身用の刀を抜き、自らの左腕を切り落として達磨の前に置きました。これをもって自らの求道の志の強さを示したのです。それを見た達磨は、やっと彼の入門を許したのでした。

ただし、慧可の伝記を記す最古の資料（『続高僧伝《ぞくこうそうでん》』）では、左腕は山賊に切り落とされたとされています。それがいつしか、このような、求道に対しての強い志を示す逸話に改変され、今に伝わっているのです。

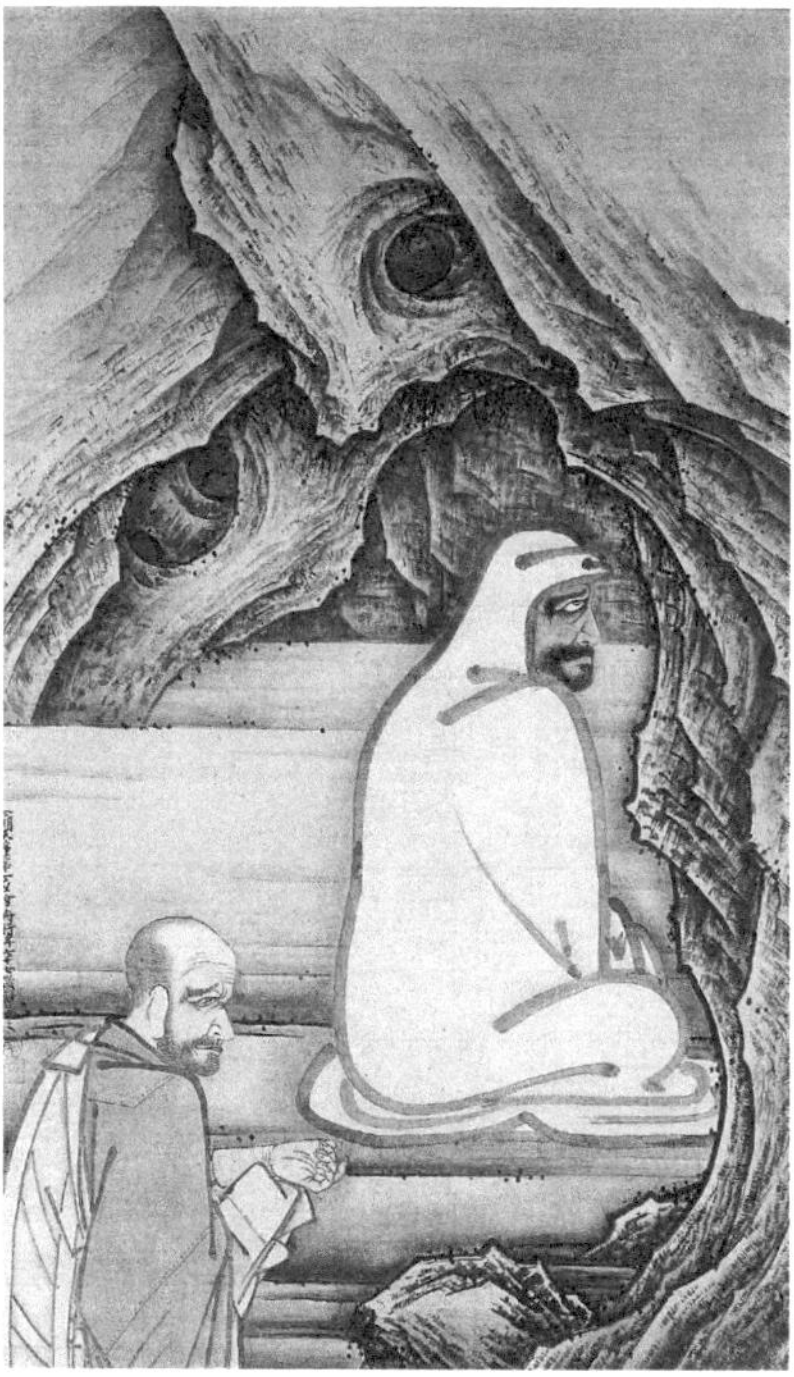

自分の腕を切り落として入門の覚悟を示す慧可
（雪舟筆「慧可断臂図」斉年寺蔵　国宝）
『雪舟』（新潮日本美術文庫）

いきなり印象的な内容となっていますが、この問答の主題はここにはなく、それに続く部分となっています。慧可が、それまでに抱いていた「不安」に関するものです。それが具体的にどのようなものであったのかについては、資料には記されていません。思うにそれは、釈尊が出家した動機と同じ、自らのものでありながら、けっして思い通りとなることのない、自分の人生そのものへの漠然とした不安だったのではないでしょうか。

慧可が仏道修行を志した動機は、この不安からの脱却でした。ですから、入門を許されたその場ですかさず、「私の不安な心を解消してください」と懇願したのです。

自分の心の不安の解消を他人に依頼するのは、禅の教えとしては好ましいことではありません。本来それは、自分で解決しなければならない大命題なのです。ですから、達磨はこの依頼をその場で拒否することもできたはずです。しかし、達磨は、あえてそれを受け入れ、「安心を与えよう」と答えるのです。ただし、そこには条件がついていました。

「その〝不安な心〟を自分で取り出してくれれば、その不安を解消してあげよう。」

つまり、不安を解消してあげるけれど、それをするためには、対象となる「心」を自分で取り出して示せというのです。

確かに不安に感じるのは心の問題です。しかしその元となるものを取り出せといわれても、心は形などありませんから、無理な話です。ですから慧可も、「見つかりません」と答えるしかありませんでした。

もとから不安な心など、実体のないものだということを理解させようというのが、達磨の意図でした。ですから、慧可の答えを聞いた達磨は、「これでもう、あなたの心を落ち着かせた」と言い切るのです。

これは、若干強引な論法にも思えます。ただし、自らの存在を肯定的に捉《とら》え、その中心に、「心」を置くと、それを最もポジティブに捉えるしかなくなります。これが禅の自己把握の基本であるといえるでしょう。

このように、達磨は慧可に、「心の不安」が、じつは確固たる実体のないものであり、それに対する恐れやこだわりさえ捨て去れば、自然に解消されるものであることを示しました。これが、この問答の主題なのです。

余談になりますが、この「心を取り出したら安心させてあげよう」というくだりを見ると、いつも、一休咄《いっきゅうばなし》の「屛風《びょうぶ》の虎退治」の話を思い起こしてしまいます。

それは、将軍足利義持に「屛風の虎が夜な夜な出歩いて悪さをする、退治してくれないか」と請われた一休が、「分かりました。私は前で待ち構えていますから、将軍様、虎を追い出してください。出てきたところを退治しましょう」と言って義持の無理難題を退けたというものです。

この二つの逸話は、どちらも「本来無いものを取り出す」ことを要求し、相手が窮するという、とても似通った展開を示しています。さすがに義持は、これで悟りを開いたことにはなっていませんが、私には、この「安心問答」が一休咄の素材になっているような気がしてならないのです。

《解説》

この問答の主題は、「心が捉えられないこと（心不可得《しんふかとく》）」です。では、この言葉は、具体的にどのように定義されるのでしょうか。

まず、この概念の基本となるのは、『金剛般若経《こんごうはんにゃきょう》』の次の一節です。

> 如来《にょらい》の説く種々の心は、みな（通常の）心ではない。しかしこれを「心」と名づけるのである。どうしてかといえば、須菩提《しゅぼだい》よ、過去の心は捉えようがなく、現在の心も捉えようがなく、未来の心も捉えようがないからである。

> 如来の説く諸《もろ》もろの心は、皆な心にあらず。これを名づけて心となす。所以《ゆえ》はいかん。須菩提よ、過去心不可得なり、現在心不可得なり、未来心不可得なり。
>
> 如来説諸心皆為非心、是名為心。所以者何。須菩提。過去心不可得。現在心不可得。未来心不可得。

これを、中国禅の祖師、黄檗希運《おうばくきうん》は、その著書『伝心法要《でんしんほうよう》』の中で次のように解説しています。

結局のところ、人はたいてい心を空（とらわれのない状態）にしたがらない。それは、何もない空虚な状態に落ち込んでしまうことを恐れて、自分の心が、もとから空であることを知らないからである。愚かな人は、周辺へのこだわりを除こうとして、心へのこだわりを捨てようとしない。智者《ちしゃ》は、心へのこだわりは除くが、周囲へのこだわりを捨てようとしないし、菩薩《ぼさつ》（真の仏道修行者）は、心が大空のようで（何のとらわれもなく）、また一切の事象のすべてを捨て去り、なしとげた福徳にすら、まったくしがみつくことがない。……（中略）……「過去の心は捉えようがない」というのは、過去を捨て去る（過去へのとらわれをなくす）ことであり、「現在の心は捉えようがない」というのは、現在を捨て去ることであり、「未来の心は捉えようがない」というのは、未来を捨て去ることである。これがいわゆる「三世をすべて捨て去る」ことなのである。

凡《およ》そ、人は多く心を空ずることを肯《うべな》わず。空に落ちんことを恐れて、自心、本《も》と空なるを知らず。愚人《ぐじん》は事を除いて心を除かず、智者は心を除いて事を除かず。菩薩《ぼさつ》は、心虚空《こくう》の如くにして、一切倶《とも》に捨し、作りし所の福徳に皆な貪著《とんじゃく》せず。……（中略）……過去心不可得

凡人多不肯空心。恐落於空、不知自心本空。愚人除事不除心、智者除心不除事。菩薩心如虚空、一切倶捨、所作福徳皆不貪著。（中略）過去心不可得、是過去捨。現在心不可得、是現在捨。

なるは、これ過去の捨《しゃ》。現在心不可得なるは、これ現在の捨。未来心不可得なるは、これ未来の捨。謂《いわ》ゆる三世、倶に捨するなり。

未来心不可得、是未来捨。所謂三世倶捨。（『伝心法要』）

　このように見ると、まず前半部では、仏道を修行する者は、周囲の事象のすべてにこだわらず、また、自分自身の心のはたらきにも執着しないことが理想の状態であるとされています。

　後半部では、そのような考え方に立脚して、「捉えられない（不可得）」の意味が定義されているのですが、それは、「捨て去る（捨）」という概念で括《くく》られています。つまり、「捉えられない」ということは、自己の能力が不十分で理解や把握が及ばないことではなく、むしろ積極的に、自分自身の心で捉えたことへのこだわり（執着《しゅうじゃく》）を捨て去ってしまうことだというのです。自己の能力を絶対に否定的に見ない、そのような発想の転換がそこにあるということができるのではないでしょうか。

　このような「心」の解釈に関して、『人を動かす』の著者、デール・カーネギーも次のような言葉を残しています。

「克服しようと決断しさえすれば、ほぼどんな不安も克服できる。忘れてはいけない、不安は心の中以外のどこにも存在しないのだから。（You can conquer almost any fear if you will only make up your mind to do so. For remember, fear does not exist anywhere except in the mind.）」

この考え方は、大変興味深いことに、この安心問答の流れとそっくりです。常に自信を持ち、他者をも批判しないことが、良き人間関係を構築する基本であるとした彼の考え方は、禅の自己肯定とも通じるものがあったのかもしれません。

（二）こころにだけ伝わる―以心伝心―

恵可（慧可）は、達磨の言葉で悟りを開いた。そして達磨に言った、「今日初めて、あらゆる存在が、本から静かな仏の世界（空寂《くうじゃく》）にあることが分かりました。今日初めて、菩提《ぼだい》（悟り）は遠くにないことを理解しました。だから菩薩は、まったく心を動かすことなく、広大な海のような仏の世界に至っており、また、まったく心を動かすことなく涅槃《ねはん》の岸に到っておられるのですね。」

達磨は言った、「そのとおり、そのとおり。」

恵可がさらに質問した「和尚さま、この法（おしえ）は文字による記録がありますか。」

達磨が答えた「この法は、心から心にのみ伝わり、文字で記録できないもの（以心伝心《いしんでんしん》・不立文字《ふりゅうもんじ》）である。」

恵可、言下《ごんか》に大悟《だいご》す。恵可、和尚に白《もう》す「今日、乃《すなわ》ち―恵可言下大悟。恵可白和尚、今日乃知知んぬ、一切の諸法、本来空寂なることを。今日、乃ち知んぬ、菩提の遠からざることを。是《これ》が故に菩薩は念を動かさずして薩般若《さつはんにゃ》の海に至り、念を動かさずして涅槃の岸に登る。」

師云く、「是《かく》の如し、是の如し。」

恵可、進んで曰く、「和尚、此の法は文字の記録ありや。」

達磨曰く、「我が法は以心伝心、不立文字なり。」


一切諸法本来空寂。今日乃知菩提不遠。是故菩薩不動念而至薩般若海、不動念而登涅槃岸。

師云、如是、如是。

恵可進曰、和尚此法有文字記録不。

達磨曰、我法以心伝心、不立文字。

（『祖堂集《そどうしゅう》』巻二）


この問答は、前の問答の続きです。

達磨と慧可（「恵可」とも表記）の「心不可得」に関する問答は、十三世紀成立の『無門関《むもんかん》』では、前項で紹介したように、慧可を「安心させた」ところで終わっています。しかし、それより古い十世紀半ばの編纂《へんさん》である『祖堂集《そどうしゅう》』巻二では、慧可は、この時すでに悟りを開いたことになっています。入門して最初の問答で悟る、まさしく頓悟《とんご》（速やかな悟り）の面目躍如たるところですが、さらにそれは、禅の基本である「不立文字《ふりゅうもんじ》、教外別伝《きょうげべつでん》」の主張へと繋《つな》がっていきます。

達磨の指導によって悟りを開いた慧可は、まず自分自身の理解を披瀝《ひれき》し、達磨の確認を求めます。それは、一切の存在はすでに涅槃（煩悩のない状態）にあり、それゆえ、菩薩（仏道修行者）は、一切の意図的な精神状態（作為）を用いることなく、自然な状態のままに「仏の世界」にいるというものでした。

これは、禅思想の基本である「本来清浄《ほんらいしょうじょう》（すべての存在は、初めから煩悩など持たない清らかな状態にある）」という教えですから、達磨は「そのとおり」と全面的に認めています。

達磨に認められた慧可は、次にそれが何らかの記録として残っているかどうかを訊ねます。つまり、教えの「拠《よ》り所」を求めたのでした。

そこで達磨が答えたのが、そのような拠り所は存在しないこと、そしてそれが、あくまでも師と弟子との「心の疎通」によって伝えられていくものであるという禅の基本理念、「不立文字」と「以心伝心」だったのです。

《解説》

この問答では、達磨自身が、「以心伝心」「不立文字」という言葉を用いて自分の仏法を表現している点が重要です。それは、この発言により、その後に展開する禅の基本姿勢が、中国禅宗の創始者によって明確に主張されたことになるからです。

思想的な基盤は、慧可の述べた、「本来清浄」と「作為を用いない悟り」に表現されています。この、達磨と慧可、師匠と弟子の二人による対話が、そのままに、禅の教えの伝授の様子を示したものとなります。そしてこれが、後に受け継がれ展開していくことになるのです。

ここで少し、この問答の内容の変化について触れておきましょう。

この、「以心伝心」の部分が残されている、『祖堂集』は、十世紀半ばに成立した資料で、現存する燈史（仏法《ぶっぽう》の伝承とその表現の記録）の中では、最も古い部分に分類されるものです。しかしなぜか、その古い資料に記録される説明的記述が、新しい資料、ここでは十三世紀に成立した『無門関』では削除され、象徴的な言葉だけが残されていきます。

一般的には、後の資料になればなるほど、内容に対する説明が詳細になり、意味が摑《つか》みやすくなることが多いのですが、禅籍では、むしろ逆の傾向が示されます。

その理由として、このような「基本理念」が、時代の経過と共に自明の理として定着し、それゆえ説明的な記述を必要としなくなったこと、あるいは、詳しく説明しすぎるのは、一つの言葉への執われとなり、「不立文字」という禅の本義に悖《もと》ることになる、という考え方によることなどが挙げられます。そして、このような考え方のもと、禅問答は、具体的な状況設定が捨象されることにより、高度に象徴化された「公案」となっていくのです。

先に出典とした『無門関』は、特に省略の傾向が顕著で、とりわけ「無」や「非」という、否定の言句を象徴的に用いて、一般の概念規定を否定する方向性を有する記述が目立つ資料となっています。

すでに触れたように、禅の指導者は、答えを自分で考えさせるために、あえて不親切な回答をします。『祖堂集』から『無門関』にいたる問答の省略は、この流れの一環ともいえるのですが、この傾向が、神秘的・形而上的《けいじじょう》な解釈を招く結果となり、禅問答を「解りにくい」ものにしてきた要因の一つとなっているのです。

(三) ありのままの心が仏そのもの―即心是仏《そくしんぜぶつ》（その一）―

大梅山《だいばいざん》の法常禅師《ほうじょうぜんじ》が初めて馬祖に会い、質問した、「仏とはどのようなものでしょうか。」

馬祖は答えた、「ありのままの心こそが仏だ（即心是仏）。」

法常は悟りを開き、その後、大梅山に住んで修行を続けた。

馬祖は、法常が大梅山に住んだことを聞き、門下の僧に命じて質問させた。

「和尚さんは馬祖大師と会って、いったい何を会得されてこの山に住しておられるのですか。」

法常は答えた。「馬祖大師は、私に向かって『ありのままの心こそが仏だ（即心是仏）』と言われた。それで私はここに住しているのだ。」

僧はそれを聞いて、「馬祖大師の仏法（おしえ）は最近変わっております」と言った。

法常は、「どう変わったのか」と訊ねた。

僧は答える、「最近は、『心でもなく、仏でもない（非《ひ》心《しん》非《ひ》仏《ぶつ》）』と仰《おっしゃ》っています。」

法常は、「あのご老人、まだ人を惑わせることをお止めになっていないのか。たとえ非心非仏に変わったとしても、私はひたすら即心即仏でいくわい。」

その僧は馬祖の下に帰って、これを報告すると、馬祖は言った、「梅の実は熟したぞ。」


大梅山法常禅師、初めて祖に参じて問う、「如何《いか》なるか是《こ》れ仏《ほとけ》。」

祖、云く、「即心是仏。」

常、即《すなわ》ち大悟し、後に大梅山に居す。

祖、師の住山を聞きて、乃《すなわ》ち一僧を令《し》て到り問わしめて云く、「和尚、馬師に見《まみ》えて、箇《こ》の什麼《なに》をか得て便《すなわ》ち此の山に住せる。」

常、云く、「馬師、我に向かって即心是仏と道《い》えり。我、便ち這裏《しやり》に住す。」

僧、云く、「馬師、近日、仏法また別なり。」

常、云く、「作麼生《そもさん》か別なる。」

僧、云く、「近日また非心非仏と道う。」

常、云く、「這の老漢、人を惑乱《わくらん》すること、未だ了日《りようじつ》有らず。任汝《たと》い非心非仏なるも、我は只管《しかん》に即心即仏《そくしんそくぶつ》なり。」


大梅山法常禅師、初参祖問、如何是仏。

祖云、即心是仏。

常即大悟、後居大梅山。

祖聞師住山、乃令一僧到問云、和尚見馬師、得箇什麼便住此山。

常云、馬師向我道即心是仏、我便向這裏住。

僧云、馬師近日仏法又別。

常云、作麼生別。

僧云、近日又道非心非仏。

常云、這老漢惑乱人、未有了日。任汝非心非仏、我只管即心即仏。

其僧回挙似祖。

其《そ》の僧、回《かえ》りて祖に挙似《こじ》す。
祖、云く「梅子《ばいす》、熟せり。」

——祖云、梅子熟也。
（『馬祖語録《ばそごろく》』〈『四家語録』所収〉）

この問答は、前半と後半の二つに分けられます。その第一幕は、「（悟って）後に大梅山に住んだ」までの部分で、大梅法常という禅僧が初めて馬祖道一のもとを訪ね、悟りを開いた時の問答。そして、第二幕は、それから数十年を経て、馬祖が大梅山に門下の僧を派遣する場面です。

まず第一幕では、大梅は、初対面の挨拶《あいさつ》をした後、すぐさま「仏とはどのようなものですか」と、仏法の本質を訊ねます。

それに対する馬祖の答えが、「ありのままの心こそが仏である（即心是仏）」でした。大梅は、その一言で、自分の行くべき方向を理解します。すでに見た達磨と慧可の問答と同様に、出会って最初の対話で、すでに修行が完成してしまったのでした。確かに頓悟（瞬時の悟り）ですが、でも、これはじつは、一朝一夕に達成されたものではないのです。禅僧は、多く、いろいろな叢林《そうりん》（修行道場）を遍歴し、多くの善知識《ぜんちしき》（良き師匠）に付いて仏法を学ぶのです。そのようにして、築き上げられてきたものが、ふとしたはずみで開花する。それが、今までに見てきたような逸話として残されてきているのです。

さて、悟りを開いたということは、大梅の修行はここで終わったともいえるのですが、彼はけっしてここで修行を止めません。大梅山の山奥に入って、一人で修行を続けるのです。別の資料によれば、他人との関係を一切断ち、山中の池の蓮《はす》の葉を着物とし、松の実を食べて過ごしたとされています。ここに、禅の修行が、「悟り」で終わるものではないことが示されています。大梅の場合は、師の馬祖から受けた「即心是仏」の教えを、聞いて理解するだけでなく、自らの体験によって実証すべく実践を続けていたということになります。その年月は三十年を超えていました。

ここから先が第二幕となります。深い山の中で人知れず暮らしていた大梅のところに、道に迷った僧が辿《たど》り着きます。それによって、彼の存在が世に知られるようになるのですが、それを聞いた馬祖は、門下の僧侶《そうりょ》を一人遣《つか》わしました。昔の弟子の現在の心境を確かめるため、自分の代わりに質問をさせ、その答えを報告させようというのです。

なぜ馬祖は、このような「試験」を課したのでしょうか。それは、大梅の修行が独りよがりのものに陥っていることを心配したからなのです。悟りを開いて独り立ちしていった弟子を、三十年以上を経て、まだ気遣っているのです。

あまりに丁寧に過ぎる気もしますが、禅門では、投げやりな指導もあれば、このような細やかな気配りも存在しています。この両者を微妙に組み合わせて指導が行われるのです。

ちなみに、このような師の弟子に対する懇切丁寧な心配りを、禅語で「老婆《ろうば》心切《しんせつ》（老婆心）」と呼びます。老婆が孫を見るように細やかな心配りをすることです。現在用いられている「老婆心」の使い方とはだいぶ違っていますね。

さて、馬祖の命を受けた僧は、大梅法常に会うと、すぐさま質問をします。それが「和尚さんは、馬祖の下で何を会得されてこの山に住しておられるのか」というものでした。

大梅は、すぐさま「即心是仏」と答えます。もちろん馬祖は、この答えを十分に予想していました。何しろ、自ら指導したのですから。

そこで、次の対話に移ります。ここからが馬祖による確認作業となります。

ここで、僧は、「最近の馬祖の教えは少し違っていますよ」と言います。もちろん、この発言は馬祖の指示による、大梅への〝揺さぶり〟です。

大梅にとっては、三十年来拠り所としていた教えが変わってしまったというのですから、さすがに気になります。すぐに、「どのように変わったのか」と訊ねました。

ここで、僧は、馬祖から言い付かった言葉、「非心非仏」を投げかけるのです。

先の「即心是仏」が、心の全肯定であるとすれば、「非心非仏」は全否定です。この正反対の概念を示して大梅の出方を見る、というのが馬祖の作戦でした。

しかし大梅は、「あのお年寄りめ、まだ人を惑わそうというのか」と、馬祖の陽動作戦にまったく動じませんでした。そして、「師がどう変わろうと、私はあくまでも即心是仏だ」と自ら立脚点を失うことはなかったのです。

この、大梅の発言は、師の教えを、他者から貰《もら》った概念ではなく、完全に自分のものとしていたからこそなし得たものと考えられます。自ら得心していたからこそ、一切動じることがなかったということです。

僧からその様子を聞いた馬祖は、大梅が「即心是仏（即心即仏）」を完全に自分のものとして独り立ちをしていることを認め、「梅の実は熟した（大梅は出来上がった）」と賛嘆したのでした。

《解説》

「即心是仏」は、「ありのままの自分の心が、そのまま仏としてのあり方を示している」とするもので、禅の本質を示す代表的な言葉の一つです。「即心即仏」あるいは「是心是仏」も同じ意味です。

一般に、「仏としての心」とか、「本来の自分のあり方」というと、表面的に現れている自分自身とは別の、何か本質的で内在的な存在が自分の中に在るように考えがちです。しかし、ここでいう「心」とは、そのような特別な存在ではなく、慮知心《りょちしん》（喜怒哀楽の心）そのものなのです。あくまでも、本来の自己とは、いまここに居て、そして喜び、苦しむ存在そのもの以外にはあり得ない、ということです。

これは、中国・日本の禅に一貫した考え方なのですが、それを最も積極的に、そして高らかに謳《うた》い上げたのが、馬祖道一でした。そして、日常生活を重視する禅風を挙揚しました。これは、生活のすべての〝品物〟を修行として扱うことになるため、「生活用品すべてを扱う雑貨屋」という意味で、「雑貨鋪《ざつかほ》」と呼ばれたのですが、その指導の一環として、この「即心是仏（即心即仏）」を多く用いたのです。

この「自分の心がそのまま仏である」とする考え方は、『観無量寿経《かんむりようじゆきよう》』にも「是の故《こ》に汝等《なんじら》、心に仏を想う時、是の心即ち是れ三十二相《さんじゆうにそう》八十随形好《はちじゆうずいぎようこう》なり。是心作仏、是心是仏（だからこそ、あなたたちが心の中に仏を想念する時、その心がそのまま仏の姿かたちとなる。心が仏となる、その心こそが仏なのだ）」という形で見られるものです。ただしこれは浄土経典ですので、「心に仏（阿弥陀仏《あみだぶつ》）を想念する」ことが前提となっています。それに対して、禅では、絶対なる他者を立てないのが基本ですから、同じ「心が仏となる」といっても、それは他者の一切介在しない、自分自身の心のはたらき（慮知心）そのままを「仏」と認定するものとなります。

では、第二幕の「非心非仏」にはどのような意味が込められているかといえば、これは「即心是仏」を金科玉条として、そこに安易に座り込んでしまうことを未然に防ごうとしたものと考えられています。

「即心是仏」は、確かに禅の基本概念を明確に示したものです。しかし、そればかりを後生大事に抱え込んでしまうと、それは単なる標語と化し、生き生きとした働きを失ってしまいます。それゆえ、馬祖は、あえてそれに対して「非心非仏」という相対概念をぶつけたということなのです。

大梅は、それでも「即心是仏」から動きませんでした。これは、単にその概念にしがみついていたからではありません。「師匠（他人）から教わった概念」を、しっかりと自分なりに咀《そ》嚼《しゃく》し続け、完全に自分のものにしていたからこそ、三十年前の言葉ではなく、今この瞬間の自分自身を「即心是仏」と表現し得た、と解釈すべきでしょう。このように、禅は師匠と弟子とが、それぞれに切磋《せっさ》琢磨《たくま》し、常に自らを高めようとすることによって維持されていくものなのです。

（四）偽物のお金―即心是仏（その二）―

僧が質問した、「和尚さんは、いったいどうして『即心即仏』と説かれるのですか。」
馬祖が答えた、「子供を泣き止ませるためだ。」
僧がさらに訊《たず》ねる、「泣き止んだ時はどうなさいますか。」
馬祖、「非心非仏だ。」
僧、「この二種類以外の人が来たらどのように指示されるのですか。」
馬祖、「彼には、物ではない、と言う。」
僧、「もしも、指導の必要のない人が来たらどうなさいますか。」
馬祖、「とりあえず、そやつに仏道をつかみ取らせてやろう。」

僧問う、「和尚、甚麼《なん》と為《し》てか即心即仏と説く。」
祖曰く、「小児の啼《な》くを止めんが為なり。」
曰く、「啼き止みし時、如何《いかん》。」
祖曰く、「非心非仏。」
曰く、「此の二種の人を除いて来たらば、如何《いかん》が指示す。」
祖曰く、「伊《かれ》に不是物《ふぜぶつ》と道《い》わん。」
曰く、「忽《も》し其中《こちゆう》の人の来たるに遇《あ》う時は如何《いかん》。」
祖曰く、「且《しばら》く、伊を教《し》て大道を体会《たいえ》せしめん。」

問、和尚為甚麼説即心即仏。
祖曰、為止小児啼。
曰、啼止時如何。
祖曰、非心非仏。
曰、除此二種人来、如何指示。
祖曰、向伊道不是物。
曰、忽遇其中人来時如何。
祖曰、且教伊体会大道。（『馬祖語録』）

この問答は、説法や問答で、いつも「即心即仏」と説いている馬祖に対して、その理由を訊ねたものです。やはり「即心是仏」あるいは「即心即仏」が、馬祖の十八番《おはこ》だったのですね。

その問いに対して馬祖はこともなげに「子供を泣き止ませるため」と答えます。ようするに、「即心即仏（即心是仏）」を重要視しながらも、じつはそれも、完全無欠なる仏法の真理の表現などではなく、あくまでも「泣く子をあやすオモチャ」だというのです。

自分が説法の中心においている言葉を、こともなげにオモチャ扱いするのですから、ずいぶん思い切った表現といえます。あるいは、質問した僧がこの言葉を絶対化しそうな気配を漂わせていたから、あえてこのような強い表現を用いたのかもしれません。

次の「泣き止んだ時」は、もちろん、その「即心是仏」のいらなくなった時、「子供（修行僧）が自分の方向性を見出《みいだ》した時」を問うたものです。

それに対して馬祖は、「そうなったら非心非仏だ」と、全否定の解釈を示します。前の大梅法常との問答の経緯を見れば、これで馬祖が何を言いたかったのかは明白です。

その意味では、問答はこれで終了となってもよいところなのですが、よせばいいのに、この僧は、「いままでの指導方法に適合しない人がきたらどうしますか」と質問を続けます。さらに馬祖に説法のバリエーションを求めているのですが、そこはさすがに馬祖、答えに詰まることなく、「物ではない（決まった形などない）」という別の言葉でさらりと答えます。

そこで僧は最後の質問を繰り出します。それは「指導の必要がない人」つまり完全に出来上がった人への対応を訊ねるものでした。もしかしたら、質問した僧は、すでに自分がこのあたりにいると思い込んでいて、いままでの質問は、ここに至る布石だったのかもしれません。

しかし、禅の教えでは、「出来上がる」という、もうこれ以上何もする必要のない状態は存在し得ないものとされます。ですから、このような感覚を持つこと自体が誤りなのです。

「ひとまず、そいつには仏道をつかみ取らせる」という馬祖の答えは、一見すると、「説く必要のない人」を肯定したようにも見えますが、そうではありません。あくまでも、「完成した」という感覚を持ち、それ以上の努力を止めてしまうことは、むしろ仏道から遠ざかるものであることを、馬祖は、やんわりと指摘して問答を締めくくっているのです。

《解説》

これは『馬祖語録《ばそごろく》』に収録される、もう一つの「即心即仏（即心是仏）」に関する問答です。ここでは、馬祖自身が、「即心是仏」を金科玉条とすることに対して警鐘を鳴らしており、自己否定による自己相克、といった風合いの問答となっています。

ここでは、「即心是仏」は、子供を泣き止ませるための方便としています。これは、『涅槃《ねはん》経《ぎょう》』に見える「止啼銭《していせん》」の故事に基づいた表現です。「止啼銭」とは、啼いている子供を泣き止ませるためのオモチャのお金のこと、釈尊が、迷える衆生を導くために用いた方便に喩《たと》えられます。馬祖も、自分の「即心即仏（即心是仏）」が、あくまでも、時や場所、或《ある》いは相手に応じた、一時的な施策に過ぎないとして、その絶対化を防ごうとしているのです。

このように、一つの概念にしがみつくことなく、こともなげに相対化できるところが、「不立文字」を標榜《ひょうぼう》する禅僧の特徴といえるでしょう。

そして、泣き止んだ時には、「非心非仏」という全否定で、それらをすべて取り去って、新たな自己表現を模索していくことを要求しているのです。またさらに別の状況にある人には他の方策を講じる、このように馬祖は、仏法（仏の教え・真理）という概念をけっして固着化させないように努力しているのです。

これは馬祖に限らず、すべての祖師に共通するものです。第一部でも触れた、「スローガン化を嫌う」という、禅の基本的な立場が、このようにして示されているということになるでしょう。

しかし、先の大梅山での問答に戻ってみると、大梅は、「即心是仏（即心即仏）」に固執しているように見えました。しかしそれでも馬祖によって認められたのは、大梅が「即心是仏」を自分自身の問題として明確に捉えていたがゆえに、瞬時に「非心非仏」の意味を見抜くことができたからだったと考えられます。

この問答において、しつこく質問した僧に対しても同様で、途中で切り上げることなく、むしろ大梅よりも突っ込んだ回答を示して導いています。これは、相手が大梅よりも若干「物わかりが悪い」と判断したためでしょう。

このようにして、禅の指導者は相手に固定概念を持たせないよう、「老婆心」をもって、種々の方便を回《めぐ》らします。これが禅の教育の一つの形式ということになるでしょう。

ちなみに、この「即心是仏」と良く似た言葉に「即身成仏《そくしんじょうぶつ》」というものがありますが、これはまったく意味が違っています。字面はそっくりに見えますが、「即身成仏」は、身体で印を結び、口で真言を唱え、心に大日如来を観想すること（三密加持《さんみつかじ》）によって、人が、その身のまま（即身）に成仏するというもので、真言密教《しんごんみっきょう》の悟りを表した言葉です。少し混同しやすいので注意が必要かと思います。

禅僧の呼び方

問答の中で、馬祖道一と大梅法常という二人の禅僧の名前が出てきましたが、この二人の僧侶としての名前は、「道一」と「法常」です。これらは「法号《ほうごう》」と呼ばれるもので、僧侶となる時に、師僧から授かるものです。その時には戒律を授かるので、「戒名」ともいいます。現代ではこちらの方が通りがよいかもしれません。また、その人が亡くなった後には、この名を「法諱《ほうき》」と表記します。しかし、禅の語録や歴史書では、人の名前を、法諱だけで記述することはあまりありません。その上に住職をしていた寺院の名や、出身地・出家前の名字などを付加して呼称に用います。これを「道号」と言います。

たとえば、「大梅」は、問答にも出てくるとおり、隠遁《いんとん》生活をしていた「大梅山」にちなんだものです。「馬祖」は、地名ではなく、出家前の姓が「馬」だったからで、「馬祖」とは、「馬さんのところから出たお祖師さま」といった意味になります。つまるところ、この「道号」とは、一種のあだ名ということになります。

禅籍における人名の正式表記は、この「道号」と「法諱」を組み合わせた四文字でなされることが通例です。少しイメージしにくいかもしれませんが、身近な例でいえば、「国定忠治」の「国定（村）」や、「清水の次郎長」の「清水の」と同じようなものとお考えいただければよろしいかと思います。

いずれにせよ僧侶を、僧侶としての本名ではなく、山や寺の名で呼ぶというのは少し違和感があるかもしれませんが、日本の禅籍でも慣例となっているものですので、慣れていただければと思います。

第三節　表現できないことの表現

禅の「心の取り扱い方」に続いて、ここでは「言語を超えた真理（悟り）」の表現方法について見ていきたいと思います。

すでに何度も触れたとおり、禅は「教外別伝《きょうげべつでん》」を標榜《ひょうぼう》し、究極の真理は文字・言語によって表現できないものであると考えます。ただ、その教え自体が文字で記録されているという点で、すでに葛藤《かっとう》が生じてしまっているといえます。それでも、真理がいかに「以心伝心《いしんでんしん》（心から心に伝わるもの）」とはいえ、何らかの形で表現できなければ、それは正しく伝わるはずがありません。禅の祖師たちは、このような葛藤の中で、何とか自分なりに「真理（悟り）」を表現しようと努力を続けてきました。

この後の数節は、この「悟りの表現」について、いくつかの角度から禅問答を紹介していきます。まずは、「悟り」が、言語表現を超えていることを表現した禅問答について見ていくことにいたしましょう。

（一）語らぬことで教えを説く

①釈尊の語らぬ説法―世尊陞座《せそんしんぞ》―

世尊《せそん》（釈尊）が、ある日、説法のために高座に上られた。文殊菩薩《もんじゆぼさつ》が、合図の槌《つち》を打って、「法の王である釈尊の教えを確《しか》と見よ、法王の教えはこのようなものなのだ。」と説法を締めくくってしまった。釈尊は（何も言わずに）高座を降りられた。

世尊、一日、陞座《しんぞ》す。
文殊、白槌《びやくつい》して云く、「法王の法を諦観《たいかん》せよ、法王の法は是《かく》の如し。」
世尊、便《すなわ》ち下座《あざ》す。

世尊一日陞座。
文殊白槌云、諦観法王法、法王法如是。
世尊便下座。
（『碧巌録《へきがんろく》』第九二則）

これは、厳密な意味では「問答」ではありません。なぜなら、言葉を発したのは文殊菩薩だけだからです。しかもそれは、説法の締めくくりの決まり文句だけでした。釈尊は一言も言葉を発していません。それでも、この逸話は、重要な公案として語り継がれています。それは、その「何も言わないこと」が、仏法の当体《とうたい》（本質・悟り）を示す重要な方法であると考えられているからです。

釈尊は、ある日、修行僧達に説法するために、高座に上られました。

中国以降の禅宗寺院では、修行僧のために行われる定時の説法は、法堂《はっとう》という建物の中にしつらえられた須弥壇《しゅみだん》という高座に上って行われることになっています。これを「陞座《しんぞ》（座に陞《のぼ》る）」といいます。

もちろん、釈尊の時代のインドに、このような設備はありませんでした。霊鷲山《りようじゆせん》という、『法華経』をはじめとした多くの教典が説かれたことで知られる場所は、岩山の中腹にある少し開けた平らな場所、つまり屋外です。その一方で、「白槌」は、僧堂《そうどう》（坐禅堂）に設置されている法具《ほうぐ》で、修行僧達に、作業や法要の開始や終了を告げるためにならされるものです。ですから、ここでは、釈尊が、中国で形作られた禅宗伽藍《がらん》の中で説法を行っているという状況をイメージしなければなりません。ただ、それとこの公案の内容解釈とは直接的には関連してきませんので、いまは細かな場面設定はせず、あくまでも釈尊が多くの人を前に説法をしようとした、という状況として解釈をすすめていきます。

さて、多くの修行者や信者が待つ場所へ釈尊がやってきて、高座に上られました。さあ、これでいよいよ説法が始まる、というその時、その法会《ほうえ》（説法集会）を取り仕切る役にあった文珠菩薩が、いきなり木槌を打って、説法の終わりを告げてしまったのです。

禅宗では、多くは聖僧《しょうそう》として修行僧の姿をした文殊菩薩を坐禅堂に安置する（駒澤大学坐禅堂）。

この時に文殊菩薩の発した「諦観《たいかん》法王法《ほうおうほう》、法王法如是《ほうおうほうによぜ》」という言葉は、現代でも修行道場で用いられている定型句で、説法の終わりに、その説法の内容を証明するために告げられる言葉です。つまり、文殊は、高座に上った釈尊が一言も言葉を発していないのに、「まさにこれが仏の教えだ」と、説法をお終《しま》いにしてしまったということなのです。

しかし、釈尊は別段驚きもせず、また文殊菩薩を叱ることもなく、静かに高座から降り、説法を終えられたのでした。

なぜ釈尊は、何も言わなかったのか、それは、釈尊自身も、初めから何も言わぬつもりだったからなのです。何も語らぬことによって、仏法の当体（本質・悟り）は、言葉では表現できないものであることを示そうとしていた。文珠も、釈尊のその気持ちを察知し、「まさにこれこそが仏の教えだ」と、釈尊の無言の説法を証明したということなのです。

このように、語らないことによって「語り得ない仏法の当体」を示す、これが、禅の表現方法の一つなのです。

《解説》

この逸話は短いものです。しかし、むしろその短さが、表現したいことを細かな解説抜きで端的に表現するという禅の特徴を示しているともいえます。

この「語らない説法」によって示される主張とは、「語り得ないものは、黙することによってのみ示される」という考え方です。この淵源《えんげん》は『維摩経《ゆいまきょう》』に見ることができます。この経典は、維摩詰《ゆいまきつ》という、とても優秀な居士《こじ》（在家の仏教信者）の言行を記録したものなのですが、その中に、彼が一切何も語らないこと（一黙）で仏法の当体を示し、仏弟子の代表としてそこにいた文珠菩薩をやり込めたという逸話が収録されています。これは「維摩の一黙」と呼ばれ、禅宗では特に重視されています。

じつは、この『維摩経』では、文珠菩薩は、「黙ること」を理解できずに、維摩居士にやり込められる側に回っています、ここで紹介した問答と立場が逆であることは興味深いことです。もしかすると、この逸話でやり込められた文珠が、それゆえに、釈尊の無言の説法を見事に理解し証明した、という展開が想定されているのかもしれません。

このように、黙することによって真理を表現する、という手法は、すでに大乗経典に見出《みいだ》すことができるのですが、禅ではこれを積極的に標榜し、さらに、その「黙する」ことによってこそ仏法の真髄が伝わるとしました。それが、「以心伝心」へと繋《つな》がっていきます。

禅の伝承では、釈尊は、自分の跡継ぎを決める時に、何も語らずに、ただ一本の花を指につまんで示したのみであったとされています。多くの弟子の中で、ただ一人、摩訶迦葉《まかかしよう》のみが、その意味を理解して微笑み、その教えの継承者として認められました。この逸話は「釈迦拈華《しやかねんげ》微笑《みしよう》」の話と呼ばれ、禅の燈史や公案集のほとんどに記録されています。

ここに引用した逸話では、釈尊の理解者として、摩訶迦葉ではなく、文殊菩薩が登場します。文殊は、普賢菩薩《ふげんぼさつ》と共に釈尊に随時し、その教化を助ける存在とされます。仏像でも、「釈迦三尊像」といえば、中央に釈迦牟尼《むに》仏、その左側に普賢菩薩を、右側に文殊菩薩を従える形式となっているのは良く知られるところです。

その文殊が、釈尊の説法を証明することにより、この「何も語らない説法」は完成しました。じつは、このような、黙っていることの重視は、禅では、そのまま「坐禅の姿」に繋がっていきます。

特に、自己の本質は、脱世間的な実践で体得すべきであると主張する、石頭希遷《せきとうきせん》という祖師の流れに属する禅者達は、「静かに自己を見つめる修行」を重視し、日々、坐禅を実践しました。

この石頭希遷は、いままでに何度か出てきた馬祖道一と同時代の人です。馬祖の禅が、日常生活全般を修行とし、それゆえに「雑貨鋪《ざつかほ》（生活用品を扱う雑貨屋）」と呼ばれていたことはすでに述べましたが、石頭の宗風は、その対角に位置し、本質のみを意識しているという点で、「真金鋪《しんきんほ》（純金だけを扱う店）」と呼ばれています。

この「真金鋪」の流れは、宋《そう》代の「黙照禅《もくしょうぜん》」の成立によってさらに強調されました。ここでは、内容のわかりやすさから、原文には、『碧巌録《へきがんろく》』の第九二則を用いていますが、じつは、黙照禅の創始者の一人である宏智正覚《わんししょうがく》が収集した公案集「宏智頌古《じゅこ》」（後の『従容録《しょうようろく》』）では、この問答は巻頭の第一則に位置づけられているのです。

②禅僧とは語らぬもの――薬山陞座《やくさん》――

薬山惟儼《いげん》は、長い間、説法をしなかった。そこで寺の役僧が、「修行僧達が、ずっと和尚さまのお示しを希望しております。どうか皆のために説法してください」とお願いした。

そこで、薬山は、説法を始める合図の鐘を打たせた。

修行僧達が、説法の場所に集まり、薬山も、高座に上ったが、ややしばらくして、何も説かずに座を降り、方丈《ほうじょう》（住持の居室）に帰ってしまった。

説法をお願いした役僧は、薬山についていって質問した。「和尚さまは、さきほど修行僧への説法をお許しくださいました。なのに、なぜ一言もお示しくださらないのですか。」

薬山は答えた、「経典を講じるには経師《きょうじ》（経典の専門家）がいる。論書を講じるには論師《ろんじ》（論典の専門家）がいる。いったいどうして私が一言も発しないのをとがめることができるのかね。」


薬山、久しく陞座《しんぞ》せず。院主《いんじゅ》、白《もう》して云《いわ》く、「大衆《だいしゅ》、久しく示誨《じかい》を思う。請《こ》う、和尚、衆の為《ため》に説法せんことを。」

山、鐘を打たしむ。

衆、方《まさ》に集まるや、山、陞座す。良《や》や久《ひさ》しくして便《すなわ》ち下座《あざ》して方丈に帰る。

主、後に随《したが》いて問う、「和尚、適来《せきらい》、衆の為に説法せんことを許す。云何《いかん》ぞ一言も垂れざる。」

山云く、「経には経師あり、論には論師あり。争《いか》でか老僧を怪《とが》め得ん。」


薬山久不陞座。院主白云、大衆久思示誨。請和尚為衆説法。

山令打鐘。

衆方集、山陞座。良久便下座、帰方丈。

主随後問、和尚適来許為衆説法。云何不垂一言。

山云、経有経師、論有論師、争怪得老僧。

（『従容録』第七則）


中国の禅僧にも、一言も語らぬ説法をした人がいます。薬山惟儼という人です。

この薬山さん、あまり説法には積極的ではなく、長い間説法を行っていませんでした。そこで、院主という役僧が、説法をお願いするのです。ところで、この「院主」、「寺院の主」という文字面からは住職であるような印象を受けますが、住職は薬山ですから、そうではありません。この僧は、寺院の事務一般をつかさどる、いわば事務長のような存在です。その事務長さんが、なかなか説法をしない住職に、説法を催促しました。

そこで薬山は、鐘を打たせます。説法が開催されるので集合せよ、という合図の鐘です。修行僧達が、法堂と呼ばれる説法の場所に集まり、薬山が高座に上り、いよいよ説法が始まりました。しかし、薬山はなかなか口を開かない。それどころか、しばらくたって、なんと一言も発することなく高座から降りてしまったのです。

これに驚いたのは院主です。「先ほど説法をお願いしたのに、どうして何も仰《おつしや》らないのですか」と、たぶん、若干強い口調で問い詰めました。

しかし薬山はまったく動じることなく、「経典を解説するには経師がいる、論書は論師にお任せだ。私は禅僧なのだから、どうして私が何も話さないことをとがめられるのかね」と、平然と答えたのです。

《解説》

一目すれば、前半部分が、釈尊の因縁と同じ流れであることは明白です。ただ、こちらでは、薬山が、「語らなかったこと」に自ら説明を加えているところが相違しています。そして、それこそが「禅僧」のあり方の明示として、この問答の重要な部分となっています。

　薬山の答えの中で、「経」というのは、仏教聖典の分類で、釈尊の説法を直接集録したもの、『法華経《ほけきよう》』とか『華厳経《けごんきよう》』がそれに当たります。「論」とは、その経典に対する注釈書のことです。『倶舎論《くしやろん》』や『大智度論《だいちどろん》』等があります。

「仏教を解説するには、仏典や論書それぞれに、それを説く専門家がいる、私はその任ではない」というのが薬山の答え、つまり、彼は「自分は禅師《ぜんじ》であるから、仏法を口で説明する役目にはない」と言いたかったのです。

　じつは、薬山は、多くの禅僧の中でも、特に坐禅を重視する宗風を持つ人として知られています。立派な伽藍の寺院に住することなく、牛小屋を坐禅堂にして僧を指導した、まさに修行の人として知られています。この「牛小屋道場」は、「牛欄寮《ごらんりよう》」と名付けられました。

　薬山の答えは、まさしくこの自らの生き方に基づいたものであったということになります。「不立文字《ふりゆうもんじ》」を謳《うた》う禅においても、実際には、禅林（禅の修行道場）において、言葉による説法が行われていました。これは、宋代（十一世紀）には正式な規則となります。「五参上堂」といって、五日ごとの説法が、「清規《しんぎ》」という禅宗独自の規則で定められるのです。

　その意味からすれば、薬山の行動は、あまり誉められるものではありません。しかし、あえて彼は、説法の席で、無言であることによって、自らの立場を明確に打ち出しました。

　それにしても、無言であるというのはあまりに不親切な印象ですが、むしろそれは、多くの言葉を費やすよりも、「仏法の当体は、言葉で示すことはできない」という、禅の基本的な立場を、〝丁寧に〟示したものだったということになるのです。

（二）拒否によって解らせる

①手で口を掩《おお》う―質問の拒絶―

唐の貞元《じょうげん》年間（七八五～八〇四）の初めに、（龐《ほう》居士は）石頭希遷《せきとうきせん》に謁見して質問した。
「すべての事象と関わりを持たない者とは、いったいどのような人でしょうか。」
石頭は、手で彼の口を塞《ふさ》いでしまった。彼はハッと思うところがあった。

唐の貞元の初め、石頭禅師に謁して乃《すなわ》ち問う、万法《まんぽう》と侶《とも》たらざる者、是《こ》れ甚麼人《なにびと》ぞ。頭、手を以《もっ》て其《そ》の口を掩う。豁然《かつねん》として省《せい》あり。

唐貞元初、謁石頭禅師、乃問、不与万法為侶者、是甚麼人。頭以手掩其口。豁然有省。
（『龐居士語録』）

龐居士の言った「すべての事象と関わりを持たぬ人」とは、周囲の事象とは別次元にいて、それらとはまったく関わりを持たない人のこと、つまりは、この世界を超越した人のことです。それを居士は「どのような人なのですか」と訊《たず》ねました。

それに対して、石頭は、龐居士の口を塞いで、直接に言葉を遮断してしまいます。極めて直接的な発問の拒絶です。

このように口を塞がれたことによって、居士は、仏法に対してハッと気づくところがあったというのです。

②川を飲み干したら答えよう—回答の拒否—

龐居士は（石頭に会った）後に江西《こうぜい》に行き、馬祖大師に会って質問した、「すべての事象と関わりを持たない者とはいったいどのような人でしょうか。」

馬祖は答えた、「君が西江《せいこう》（川の名）の水を一口で飲み尽くしたら、それを君に示してあげよう。」

居士は、その言葉で、ハタと仏法の奥深い意味を理解した。


居士、後に江西に之《ゆ》き、馬祖大師に参じて問うて曰く、不万法と侶たらざる者、是れ什麼人《なにびと》ぞ。

祖曰く、汝が一口《いっこう》に西江の水を吸い尽くすを待ちて、即ち汝に道《い》わん。

士、言下《ごんか》に頓《とん》に玄旨《げんし》を領《りょう》ず。


居士後之江西、参馬祖大師、問曰、不与万法為侶者、是什麼人。

祖曰、待汝一口吸尽西江水、即向汝道。

士、於言下頓領玄旨。（『龐居士語録』）

龐居士は、馬祖道一にも、石頭希遷にしたのとまったく同じ質問をしています。この二人は、慧能の孫弟子で、中国に禅の展開する地盤を作ったことで知られています。ただ、自己の表現方法について、正反対の方向を目指していました。しかし、この二つの問答では、龐居士を拒絶したことではまったく同じ。ただ、拒絶のしかたが少し違っています。手で相手の口を掩った石頭に対して、馬祖の答えは、「君が一口で川の水を飲み干したら教えてやろう」というものだったのです。書き下しの「～を待ちて」というのは、「～したら、～した時に」という意味です。

もちろん、そのようなことはできるはずはありません。絶対にできないことを要求しているのですから、結局それは回答の拒否を意味していることになります。

その拒絶を受け、龐居士は今度こそ仏法の奥深さを悟ったということなのです。

二度も同じ質問をして拒絶され、またそれによってあらためて証悟を得るというのは不自然に思えるかもしれません。しかし、龐居士にとっては、自己自身が常に発展していくために必要不可欠な発問だったといえます。一度「解ったような気持ち」になっても、そこに安住することなく、それを継続し発展させていく、まさしくこれは禅の修行観に基づいたものなのです。

《解説》

龐居士とは、龐蘊《ほううん》（?～八〇八）という名の在家の禅者です。在家ではありながら、深く禅に傾倒し、高い境涯を得た人で、彼自身の言葉を綴《つづ》った『龐居士語録』という典籍も残されています。ここで紹介した二つの問答は、その語録に収録されているもので、石頭希遷と馬祖道一という、唐代に禅を大きく発展させた二大禅者との出会いと、その二人による啓発の様子を伝えたものです。

しかし、教えを授けたとはいっても、この二人は、実際には何も答えていません。むしろ、龐居士を拒絶したかのように見える対応をしています。二人が、居士の問いかけを真っ向から拒否したのは、龐居士の質問自体が、この世界から遊離した、すばらしい〝何か〟の存在を措定していたからです。もしもそれに対する答えが用意できたとしても、それは現実の自己とは何ら関係のない、禅の仏法理解とは縁のないものとなってしまいます。とにかく、真理は、〝これだ〟と言い切った瞬間に的外れとなってしまう、それが禅の基本的なスタンスです。二人の禅者はそれぞれの表現方法でそれを示したのです。

しかし、その拒絶にあって、龐居士は、自分自身の歩むべき道を見出しました。このように、禅では教え示すことの拒絶が、真理を理解させる一つの手段でもあるということにもなるのです。つまるところ、問答の成り立たないところに、なぜ成り立たないかということの意味を気づかせることになります。第一部でも触れましたが、このような傾向が、禅問答の難解さの一つの要因ともなっているのです。

ここでは、龐居士は二段階の悟りを得たことになります。少し奇異にも見えますが、禅の悟りは、悟った瞬間にすべてが終わるような絶対的な心境ではなく、そこからさらに自己や周辺世界を見つめ続ける継続的な努力を要求するものです。そこには、無数の「気づき」があって良いのです。居士は、この二度の「気づき」によって、そのつど自分を啓発することができました。これが禅の遍参《へんざん》（多くの師匠を経巡る修行）の一つの様相といえます。

③川が逆流したら答えよう

龍牙居遁《りゅうげこどん》が（洞山良价《とうざんりょうかい》に）質問した、「祖師（達磨《だるま》）の真意とはどのようなものでしょうか。」洞山が答えた、「洞水（川の名）が逆流したら、君に向かって示してあげよう。」龍牙は、ここで初めて仏法の本質を悟った。

龍牙問う、如何《いか》なるか是れ祖師意《そしい》。
師曰く、洞水《とうすい》の逆流するを待ちて、即ち汝に道《い》わん。
牙、始めて厥《そ》の旨を悟る。

龍牙問、如何是祖師意。
師曰、待洞水逆流即向汝道。
牙始悟厥旨。
（『洞山録』）

まず龍牙は、「祖師の真意」を質問します。これは、達磨が中国にもたらした禅の本質のことです。聞かれた洞山は、「洞水が逆流したら教えよう」と、答えます。禅の本質は、もちろん自分で探し出すべきもので、人に教わるものではありません。それを示すために、あえて答えを拒否したものと解釈できます。そしてその拒絶にあって、この龍牙居遁も、禅の本質が理解できたというのです。

《解説》

この洞山の答えも、馬祖と龐居士との問答と同様に、川を引き合いに出しています。さらに、それを用いて絶対にあり得ない状況を回答の条件として課している点でも、とても良く似た展開を示しています。

このように類似した展開となっているのは、じつは洞山が馬祖と龐居士の問答を知っていて、僧の質問に答えるに当たって、それを強く意識していたからなのです。

馬祖は八世紀中頃から後半にかけて活躍した人、洞山は九世紀中頃の人ですから、年代的にも、つじつまが合います。このように、禅問答のいくつかは、完全なオリジナルではなく、同じような概念を示すために、それ以前の祖師の言動を踏まえながら創作されたと思われる例も見受けられるのです。

現代の感覚では少しオリジナリティに欠けるように感じられますが、中国の伝統では、このように、先人の教えを忠実に理解し、自在に使いこなすことを、「祖述」と呼んで価値あることとします。

ちなみに、洞山良价は、師弟関係でいえば、石頭希遷の法系に属しています。にもかかわらず、法脈の違う馬祖の教えを参照しているのです。中国禅では、師弟関係による縦割りの宗派意識や派閥意識は極めて希薄で、良いと思ったものは、どこからでも積極的に取り入れていました。先の龐居士が、馬祖と石頭の両者に質問しに行ったこともそうですが、修行や指導に当たって、このような柔軟さを持ちあわせているのも、禅の特徴となっているといえます。

（三）一文字で示す教え

①教えを説くと眉毛《まゆげ》が落ちる──雲門関字《うんもんかんじ》の公案──

翠巌令参《すいがんれいさん》は、夏安居《げあんご》の終わりに、修行僧に向かって言った、「この夏安居の期間中、私は君たちのために説法してきた。看てくれ、私の眉毛はまだ付いているだろうか。」

保福従展《ほふくじゅうてん》が言った、「盗みを働く人は、心が怯《おび》えるものです。」

長慶慧稜《ちょうけいえりょう》が言った、「これで眉毛が生えました。」

雲門文偃《うんもんぶんえん》が言った、「関《かん》。」


翠巌、夏末《げまつ》に衆に示して云く、我、一夏以来《いちげいらい》、兄弟《ひんでい》の為《ため》に説話《せつた》す。看よ、翠巌の眉毛《びもう》在りや。

保福云く、賊《ぞく》を作《な》す人、心虚《こころきょ》なり。

長慶云く、生ぜり。


翠巌夏末示衆云、一夏以来、為兄弟説話。看翠巌眉毛在麽。

保福云、作賊人心虚。

長慶云、生也。

雲門云く、関《かん》。

——雲門云、関。（『碧巌録』第八則）

修行道場の指導者（師家）は、語り得ぬ悟りを、それと分かって説き示さなければいけない立場にあります。その説法が、どれほどの葛藤の下に行われていたのか、この問答は、その心境を吐露したものといえます。

登場人物は、皆、雪峰義存《せっぽうぎそん》という禅者の弟子たち、つまり、法の上で兄弟に当たる人たちです。

時は「夏末」。「夏末」とは「夏安居の終わり」のこと、旧暦の七月十五日に当たります。「夏安居」とは、「雨安居《うあんご》」ともいい、夏の三ヶ月間、道場から外に出ることなく修行を行うことです。この修行形態は、遊行生活を基本としていた釈尊教団が、雨期の間、地中から出てくる虫を踏み殺さないようにするため、精舎《しょうじゃ》に留《とど》まって修行をしたことに始まる、インド伝来の修行作法です。禅は、中国において「普請作務《ふしんさむ》」という、それまでになかった新しい修行の形式を作り出しました。この考え方については第六節「禅僧の修行」で触れますが、かといって伝統的な修行方法のすべてを破棄してしまったわけではありません。インド伝来のこの安居修行の形態も、禅の道場ではとても重要視されるのです。

この安居修行の期間中、翠巌は、指導者として多くの言葉を用いて修行僧達を導きました。そのことについて、彼は修行僧達に質問するのです。

「私は、安居期間中に多くの言葉を用いて仏法を説いてきたが、どうだろう、私の眉毛は残っているか」

古来、禅門では、偽りの法を説くと眉毛が抜け落ちる、とされていました。なぜそうなるのかはよく分かっていません。本来語ってはいけないものを語るので、バチが当たる、とか、それを何とか語ろうとするために、多大なエネルギーを消費するためではないか、などといわれていますが、いずれにしろ、法を説くということが、極めてストレスフルであることによって生じた言い伝えです。それを恐れた翠巌は、兄弟弟子たちに「見てくれ」と頼んだのです。

この発言から、人に法を説くことの労苦が忍ばれます。語るべからざるものを、何とかして表現し続けてきた、その意識が、修行の一段落する夏末の日に、思わずこのような質問をさせてしまったということなのでしょう。

この発言に対して、まず、保福従展が、「盗みを働く人は、いつもびくびくしているものです」と対応します。

この現代語訳のニュアンスのままですと、なにやら、相手の傷口に、さらに塩を擦り込んでいるように聞こえます。しかしこれは、翠巌を責めているのではありません。盗みを働くことを説法になぞらえ、翠巌が繊細な感性を持っていることを讃《たた》えた表現なのです。「さすがに（良い説法をする人は）細やかな心を持っている」といったニュアンスになります。この保福も、自ら法を説かねばならない立場にあったのでしょう。翠巌に共感を寄せているのです。

これで翠巌は、随分と気持ちが楽になったのではないでしょうか。保福に続いて長慶は、「生えてきました」と続けました。これは、「(保福の発言によって) 失われた翠巌の眉毛が再び生えてきた」と、保福の救いを評価したものです。「理解者がいて良かったですね」といったところでしょう。

最後の雲門は、この三人の発言を、「関」の一字で締めくくります。この「関」は、関所のことで、ぴたりと閉ざされた関門が一切をさえぎるように、何者をも通さない厳しさを示したものと解釈されています。ただ、誰を「一切通さぬ」のか、その意味を具体的に限定することは極めて困難です。それゆえ、古来、この「関」は、具体的な概念規程を拒むものとして、あまり解説されていません。

いちおうここでは、「ステレオタイプの回答をせず、その時その場に最も適合する一言で表現する」という雲門の言語表現の特質 (コラム「雲門文偃の指導方針」一四一ページ参照) に基づいて、目安として二つの解釈を挙げておきたいと思います。

まずは、「自分なりにその一瞬のあり方を示し、『関』という何も通さぬもので、自分を含めた四人の会話を締めくくった」、というもの。そして第二は、「それまでの三人の会話を、すべてシャットアウトした。そのために必要だったのが『関』という一語だった」というものです。

《解説》

雪峰義存には多くの門下生がいました。その中でも、ここに登場する四人は、それぞれに歴史に残る弟子を輩出していますので、優等生たちだったといえます。師匠の雪峰自身も、「北の趙州・南の雪峰」と、同時代の趙州《じょうしゅう》従諗《じゅうしん》（七七八〜八九七）と並び称されるほどの活躍をした人です。それゆえ、多くの問答や逸話が遺《のこ》され、後代の禅者の参究課題（公案）となっています。

ここで紹介した問答は、それらの中でも、特に日本で重視されるものの一つです。

まず、問答の内容ですが、この問答は、すでに見たように翠巌の質問から始まります。そこには、仏法を言葉で表現することの難しさが語られていました。そして雲門以外の三人は、その心境に共感を示し、翠巌を慰めるのです。ここまでは、「賊を作す人」という慣用表現の意味さえ取り違えなければ、さほど理解しにくい展開ではありません。

しかし、最後に発言した、雲門の「関」だけは、あまりにも短すぎて、具体的な意味を理解しにくい、というよりも、解釈の可能性が多すぎて限定できないものとなっています。

それゆえ、その後の禅者の間では、雲門の最後の「関」に答えられることが、この問答を完全に理解する条件となりました。まさしく、雲門の設置した「関門」を通過してこそ、この問答の真意を理解できる、ということになりました。翠巌の問題提起よりも、雲門の答えが、この問答の中心となっているのです。

このことから、この問答は、「関字《かんじ》の公案」と呼ばれます。そしてこの「関字の公案」は、この次に触れる、趙州の「無字の公案」とともに、日本の臨済禅において、とても注目される存在となっています。その理由は、現在の臨済宗の淵源とされる南浦紹明《なんぽじょうみん》（大応国師《だいおうこくし》）、宗峰《しゅうほう》妙超《みょうちょう》（大灯国師《だいとうこくし》）、関山慧玄《かんざんえげん》の三人が、この「関字の公案」と、とても深い関係にあったから。宗峰は、南浦の下で、この「関字の公案」で印可を得ました。また、「関山」は、その名前自体が、この雲門の「関」に由来しています。

では、この三人の流れの中で、雲門の「関」は、どのように解釈されていたのでしょうか。三人それぞれの解釈がありますが、ここでは、南浦の解釈を紹介しておくことにします。

僧が質問した、「次のような逸話を憶《おぼ》えております。翠巌が衆に示して『この夏安居中に諸君に多くの話をしてきたが、私の眉毛が付いているかどうか見てくれ』と言ったといいますが、どのような意味なのでしょうか。」

師（南浦）、「泥の中にトゲがある（思いもよらぬところ〈説法すること〉に危険がある）。」

僧、「保福の言った『盗人はいつも怯えている』とはどのように理解したらよいでしょうか。」

師、「盗人の気持ちは盗人だけが理解できる（保福は翠巌の気持ちがよく理解できている）。」

僧、「長慶の言った『生えました』はどうですか。」

師、「公案の上乗せだ（これもしっかり学ばねばならぬ）。」

僧、「雲門の言った『関』とは、結局どういうことなのでしょうか。」

師、「とりわけ解りにくい。」

僧、「たとえば、この三人の古徳達が、翠巌を助け起こしたことについて、そのやり方に優劣はあるのでしょうか。」

師、「同じ道を行っているが、轍《わだち》は違っている（方向は同じだが、方法はそれぞれだ）。」

僧、「翠巌がこの発言をした時にその場にいらしたら、和尚さんはどのように対応されたでしょうか。」

師、「面と向かってバカにしてやろう（言わずもがなの発言だ）。」

僧は、「学人《わたし》は、今夜、過分の教えを頂戴《ちょうだい》しました。」と言ってお礼の礼拝をした。

僧云く、記得《きとく》す、翠岩《すいがん》の示衆に云く、一夏、兄弟の為に東語西話す、看よ翠岩が眉毛在りや、と。意《い》、何処にか在る。

師云く、爛泥裏《らんでいり》に刺《とげ》有り。

僧云く、保福云く、賊を作す人、心虚《きょ》なり、と。如何《いかん》が委悉《いしつ》せん。

師云く、賊は賊を知る。

僧云く、長慶云く、生ぜり、と。また如何。

僧云、記得翠岩示衆云、一夏為兄弟東語西話。看翠岩眉毛在麼。意在何処。

師云、爛泥裏有刺。

僧云、保福云。作賊人心虚。如何委悉。

師云、賊知賊。

僧云、長慶云生也又如何。

師云、両重公案。

師云く、両重《りようじゆう》の公案なり。

僧云く、雲門云く、関、と。畢竟如何《ひつきよういかん》。

師云く、突出して弁じ難し。

僧云く、只如《たとえ》ば三古徳《ことく》の翠岩を扶起《ふき》するに、門風《もんぷう》還《は》た優劣有りや。

師云く、同じ途《みち》なるも、轍《わだち》を同じくせず。

僧云く、当時、若し翠岩の、看よ、眉毛在りや、と道うに見えば、未審《いぶかし》、和尚、如何が祇対《したい》す。

師云く、覿面《てきめん》に相い瞞ず。

僧云く、学人《がくにん》、今夜、小出大遇せり。便ち礼拝《らいはい》す。


僧云、雲門云関、畢竟如何。

師云、突出難弁。

僧云、只如三古徳扶起翠岩、門風還有優劣也無。

師云、同途不同轍。

僧云、当時若見翠岩道看眉毛在麼、未審和尚如何祇對。

師云、覿面相瞞。

僧云、学人今夜小出大遇。便礼拝。

（『大応国師語録』原漢文）


この問答では、「翠巌」が「翠岩」になっていますが、同じ人のことです。どうも南浦紹明すら、雲門の「関」については、解釈しにくかったらしく、「難しい」と言って、具体的に回答することを避けています。それでも、翠巌の問題提起に答えた三人をまとめて評価する時は、優劣を論じることなく、「同じ道の上で轍（通る場所）が違う」と、それぞれの個性を尊重しながらも、同じ土俵に乗せて並列に評価していることが分かります。

つまり、「言語表現の難しさ」について、それぞれが自分なりの表現をしたということ。雲門の一文字の表現は、やはり多くの単語を用いて説明すべきではなく、その一言を、その時その時でかみしめるべきものということになるのでしょう。

応灯関《おうとうかん》と白隠慧鶴《はくいんえかく》

現在、日本の臨済宗は、十四の派があります。南禅寺を筆頭に、妙心寺、建長寺など、それぞれに本山がありますが、これは組織的な分類で、師匠から弟子への教えの流れ（法系）を遡《さかのぼ》ると、それは南浦紹明《なんぽじょうみん》（大応国師《だいおうこくし》）から宗峰妙超《しゅうほうみょうちょう》（大灯国師《だいとうこくし》）へ、そして関山慧玄《かんざんえげん》へと繋がる一つの流れへと収斂《しゅうれん》します。これを、「応灯関の一流」と呼びます。「応」は、大応国師から一字を取ったもの、「灯」は、大灯国師の「灯」、そして「関」は関山の「関」です。

この一派は、成立当初の室町時代には、さほど大きな勢力ではありませんでした。しかし、江戸時代に、この門流に属していた白隠慧鶴《はくいんえかく》が、修行者育成のために独自の公案体系を確立し、臨済禅を一つにまとめ上げたのです。このため、白隠以降の臨済宗で、「応灯関」が淵源とされるようになりました。

教科書的には、日本の臨済宗の祖は、禅宗を最初に日本に伝え、建仁《けんにん》寺を建立した栄西とされていますが、じつは、現在の臨済宗は、建仁寺の住職でさえ、栄西の系譜には直接連なっていないのです。

現在でも、臨済各派では、たとえば入門して最初に与えられる公案（参究課題）として、白隠の創作した「隻手《せきしゅ》の音声《おんじょう》（片手の音）」を用いるなど、白隠の作り上げた体系に沿った指導が行われています。

②狗《いぬ》には仏性《ぶっしょう》があるか？——二通りの答え——

ある僧が趙州和尚に質問した、「犬には仏性〈仏としての本質〉がありますか？」

趙州が答えた、「有る。」

僧が更に問う、「仏性を持っているというのに、いったいどうして犬の形をしているのでしょうか。」

趙州が答える、「犬が自分に仏性のあることを分かっていながら、あえて犬の形をしているからだ。」

また、別の僧が同じように、「犬には仏性がありますか」と質問をした。

趙州は、「無い」と答えた。

僧がさらに問う、「一切衆生《いっさいしゅじょう》〈すべての生き物〉にはみな仏性があると『涅槃経《ねはんぎょう》』に書いてあります。どうして犬だけが無いとおっしゃるのですか。」

趙州が答えた、「犬に、積み上げられてきた迷いの心があるからに他ならぬ。」

僧、趙州に問う、「狗子《くし》に還《は》た仏性《ぶっしょう》ありや。」
州（趙州）云く、「有り。」
僧云く、「既に有るに、甚麼《なん》としてか却《かえ》って這箇《しゃこ》の皮《ひ》袋《たい》に撞入《どうにゅう》せる。」
州云く、「他《かれ》の、知って故《ことさら》に犯すが為なり。」
又た有る僧問う、「狗子に還た仏性ありや。」
州曰く、「無し。」
僧云く、「一切衆生《しゅじょう》は皆な仏性ありと。狗子、什麼《なん》としてか却《かえ》って無し。」
州云く、「伊《かれ》に業識《ごっしき》の有《あ》るが為《ため》なり。」

僧問趙州、狗子還有仏性也無。
州云、有。
僧云、既有、為甚麼却撞入這箇皮袋。
州云、為他知而故犯。
又有僧問、狗子還有仏性也無。
州曰、無。
僧云、一切衆生皆有仏性、狗子為什麼却無。
州云、為伊有業識在。

（『従容録』第一八則）

これはたいへん良く知られた問答で、一般に「趙州狗子《じょうしゅうくし》」と呼ばれています。「趙州」とは、趙州従諗《じゅうしん》という人の名。禅が中国全土に広まった唐の時代、その展開の一翼を担った禅僧です。右の一段の他にも多くの公案を残し、後に「解説」で述べる理由もあって、日本の臨済宗において特に重視されています。

この問答は、二人の修行僧の発した同じ質問に対し、趙州がまったく反対の回答を行うものです。それぞれを個別に見れば、質問も、ある意味「明快」ですが、これが対となって現れるところに、論理的解釈を拒む、禅問答特有の難解さが生まれています。

ではまず、修行僧の質問から見ていきましょう。「犬には仏性がありますか？」。この問いは、誰も答えることのできないような難解な命題なのでしょうか。じつはそんなことはありません。『涅槃経』という経典に、「すべての生き物には仏性がある（一切衆生《いっさいしゅじょう》には悉《ことごと》く仏性《ぶっしょう》あり）」と書いてあることに照らせば、この質問には、「（仏性は）ある」と答えるしかないのです。

それを、僧はなぜ質問したのか。まずここから解釈しなければなりません。それは、「すべてに仏性がある」という前提を、知識の上で確認しようとしたということなのです。その対象として選択された他者が、「犬」だったということになります。

だから、まず趙州は、「有る」と、定型的な答えで相手の出方を見ます。質問した僧は、当然予想された答えが戻ってきたため、更に自分の見識を披瀝《ひれき》します。「ならばどうして人間の恰好ではないのか」と。これは、人間から獣を見下した優越感に基づいた質問といえます。

これに対して趙州は、「分かっていてわざとやっているのさ」と答えます。これは、「あえて仏と成らず、卑しく生きる」こと、つまり慈悲行の究極の形として解釈されます。つまり、「君よりも上だ」と。

前半部は、ひとまずこのように解釈できるのですが、ここで解釈を固定してしまうと、この公案の本質を見失うことになってしまいます。そこで、後半部と対にして考えてみることにします。

後半では、同じ質問に対して、全否定の「無し」という答えを返すのです。これは、禅の基本思想からすれば明らかな間違いです。なぜなら、禅思想ではあらゆる存在に仏となる可能性を見ることを基本としているからです。しかしなぜ趙州はそう答えるのか、そこがポイントとなります。

質問者は当然、「それはおかしい」と、先ほど示した『涅槃経』の教えを持ち出して反駁《はんばく》します。これは、すべての存在に成仏の可能性を見出すという、大乗仏教の究極的な教えといえますが、趙州の答えはそれに反するものだというのです。しかし趙州は怯《ひる》むことなく、「犬に業識（代々積み上げられてきた迷いの心）」があるからだ、と答えて後半は終わります。

この後半部に関しても、前半と同様に、「犬」を、自ら成仏することを放棄した存在と捉《とら》える解釈があります。つまりこれによって、自らを卑しめるという、菩薩の精神を示すというのです。

確かに大乗仏教の慈悲の教えを掘り下げれば、このような解釈は容易に導き出せます。また他に、「無」という無限定の答えで、逆にその遍満性を示したというような形而上《けいじじよう》的な解釈も可能でしょう。しかし、もっと単純に解釈することはできないでしょうか。

禅は、「見性成仏《けんしようじようぶつ》（自分の本質を見出して仏となる）」とか「本来の面目《めんもく》を見る（自分の本当の顔を見る）」などといって、基本的に自分自身の「仏としての本質」に気づくことを要求する教えです。質問した僧は、そのような基本思想を忘れ、他者の仏性の有無を分析対象として持ち出してしまいました。つまり、反対を向いた質問になってしまっているのです。それゆえ、趙州は、僧の質問に真っ向から答える意志などハナからなく、質問者が犯した、自分の仏性を見ずして他者を取り沙汰《ざた》することの愚を、繰り返し指摘しようとしたのです。

このように解釈すると、趙州の言わんとするところは、「自分の仏性（可能性）すらしっかり把握できていないのに、犬（他者）の仏性を取り沙汰してどうする」ということになります。そのように解釈してこそ、この「有」と「無」の二つの答えが対になっている意味がある、ということになるのではないでしょうか。

しかし、そうだとすれば、趙州も、「有」だの「無」だのと言を左右にすることなく、「そんなことを聞いても意味はない」と、直接に諭してやればよさそうなものです。しかし、禅の指導者は、けっしてそうはしません。ある時は遠回しに、またある時は象徴的な言葉や動作でこれを示します。なぜなら、直接教えてしまうと、教わった側が自分で悩み、考えることをしなくなるからです。禅はあくまでも自らの本質を自ら見出すものであり、指導者は、その原則を踏み外さないのです。それゆえ、その答えは極めて規定しにくいものとなっていくのです。

《解説》

この問答を引用した「宏智頌古《わんしじゆこ》」とは、禅問答（公案）を百則集め、それに頌《じゆ》（漢詩）のコメントを付した公案集のことで、『宏智録』の中に収録されています。編者は宏智正覚《わんししようがく》（一〇九一〜一一五七）。中国曹洞宗《そうとうしゆう》の禅者です。

選び出された公案本文のことを「本則《ほんそく》」と呼びますが、このように趙州が二つの同じ質問に対して「有」と「無」の両方を答える本則は、じつは宏智以前のテキストには見あたりません。どうも、宏智か、あるいは当時、中国宋代に創作されたものである可能性が高いのです。「禅の公案」というと、重要な命題の下、しっかりと形式の固着した設問であるかのような印象を受けますが、禅の歴史を辿《たど》ると、これに限らず、著名な公案が意外に多くのバリエーションを持っていることが少なくありません。

禅は、概念のスローガン化を最も嫌います。いまに残る禅問答は、それぞれが、師匠と弟子が、その「固定観念」を打破すべく行った切迫したやり取りであり、それゆえ、それを用いる側も、その内容を「固定化」することなく、むしろ自己の考え方を適切に表現する形式へと自由に変えていったのです。つまり禅の公案には、「決まった解釈がない」だけでなく、「本則（公案本文）すら決まっていない」ということになります。

この公案に関していえば、趙州の説法記録である『趙州録《じょうしゅうろく》』には、次のように、「無し」と答える問答一問のみが収録されています。

（修行僧が）質問した、「犬には仏性がありますか。」
趙州は「無い」と答えた。
僧はさらに問う、「上は仏から、下はアリにいたるまで、すべてが仏性を持っているといいます。どうして犬にだけ仏性がないのでしょうか。」

趙州が答えた、「彼に積み上げられてきた迷いの心の本質があるからに他ならぬ。」


問う、「狗子には還た仏性有りや。」

師云く、「無し。」

学云く、「上は諸仏に至り、下は蝖子《あり》に至るまで、皆な仏性有りと。狗子に什麼《なん》としてか無き。」

師云く、「伊《かれ》に業識性の有るが為なり。」


問、狗子還有仏性也無。

師云、無。

学云、上至諸仏、下至蝖子、皆有仏性。狗子為什麼無。

師云、為伊有業識性在。（『趙州録』）

先の宏智正覚と同時代の人に、大慧宗杲《だいえそうこう》（一〇八九～一一六三）がいます。彼は、宏智と共に「宋《そう》代の二大甘露門《かんろもん》」と称され、看話禅《かんなぜん》（公案の参究を修行の中心に置いた禅、現在日本臨済宗に伝わる）を大成した人物です。その大慧が採用したのが、この「無」のみの本則でした。そしてこれ以降、こちらは主に臨済系の禅者に用いられることになっていきます。

そうした「無」字の扱いを典型的に示しているのが、『無門関』という公案集の第一則です。『無門関』では、この公案は、趙州が「無し」と答えたところで終わっており、その後の確認の問答はすべて削除され、公案名も「趙州無字《むじ》」とされています。そして、作者の無門慧開（一一八三～一二六〇）は、「ただこの『無』の字こそが、禅宗の関所（勘所）なのだ（只《た》だ者《こ》の一箇の無字、乃《すなわ》ち宗門《しゅうもん》の一関なり）」とこれを評しているのです。

この書は、中国で撰述されたものでありながら、中国ではあまり用いられず、日本の禅門で大いに注目されました。そしてそれにより、この「無」が、「言語や思量を絶した、表現し得ぬ仏法の真理」の表現として、禅僧の対話の中から独り歩きをはじめたのです。ここに至って、「禅は無が大事」という流れが出来上がりました。

ただ、ここで今一度振り返っていただきたいのは、あまりに「無」にばかりこだわるのも、スローガンを嫌う禅の思想そのものから遠ざかる危険性をはらんでいるということです。ただしこれは、禅者のみならず、明治期以降の哲学者の影響によるところも大きく、近・現代の日本思想史とも関連してきますので、ここではこれ以上触れず、趙州の答えに、「有」・「無」両方を設定し、「無」を相対化しようとする考え方も、禅の思想的展開の中に確《しか》と存在していることを指摘するに留めておくことにします。

③儂《わし》には仏性などない

僧が問う、「犬には仏性がありますか。」

師（興善）が答える、「有る。」

僧がさらに問う、「では、和尚さんに仏性はありますか。」

興善、「私には無い。」

僧、「すべての生き物には、皆な仏性があるといいますが、どうして和尚さんにだけ無いのですか。」

興善、「私は一切衆生ではないからだ。」

僧、「衆生ではないということになりますと、仏だということですか。」

興善、「私は仏などではない。」

僧、「結局のところ、和尚さんは何物なのですか。」

興善、「私はモノではない。」

僧、「衆生でも仏でも物でもないとすると、それを、見たり、考えたりすることはできるのでしょうか。」

興善、「見ることもできず、考えることもできない。だから不可思議（思議す可からず）というのだよ。」


問う、「狗子に還た仏性ありや。」

師（興善惟寛）云く、「有り。」

僧云く、「和尚、還た有りや。」

師云く、「我には無し。」

僧云く、「一切衆生は皆な仏性ありと。和尚、何に因《よ》

問、狗子還有仏性否。

師云、有。

僧云、和尚還有否。

師云、我無。

僧云、一切衆生皆有仏性、和尚因何独

りてか独り無し。」
師云く、「我は一切衆生に非《あら》ず。」
僧云く、「既に衆生に非ずば、是れ仏なりや。」
師云く、「是れ仏ならず。」
僧云く、「究竟《くっきょう》、是れ何物ぞ。」
師云く、「亦《ま》た物にもあらず。」
僧云く、「見る可きや、思う可きや。」
師云く、「思うも及ばず、議するも得ず。故に不可思議と云う。」

無。
師云、我非一切衆生。
僧云、既非衆生、是仏否。
師云、不是仏。
僧云、究竟是何物。
師云、亦不是物。
僧云、可見可思否。
師云、思之不及、議之不得、故云不可思議。
（『景徳伝燈録』巻七「京兆興善寺惟寛禅師」章）

この問答は、一見して解るとおり、趙州が受けたのと同じ質問をめぐる受け答えになっています。

まず、最初の質問に対する答えは、「犬には仏性がある」です。基本的に、こう答えるしかないことは、先ほど述べたとおりです。

しかし、ここから先が少し違っています。この僧は、師匠から「模範回答」を得たところで、質問の対象を、犬から師匠その人に向けるのです。「犬に仏性があるのは解りました。では、和尚さんにはありますか」と。これは、考えようによってはとても失礼な問いかけです。

驚くべきことに、興善和尚は、犬の時にした答えを翻し、「ワシには無い」と答えています。思うに、相手の誘いに乗って声を荒らげることもなく、平然と答えたのでしょう。

この答えを受けた僧は、やはり『涅槃経』の大前提に立って、「生き物であれば、仏性はなければならないはずだ」と師匠に切り込みます。

これに対する興善の答えがふるっています。「ワシは生き物ではないからな」。明らかに、僧の質問をはぐらかしているように見えます。

しかし僧は、この答えを真っ正面から受け止めました。興善が、自分自身を、世界の枠組みを超えた高い存在として位置づけたものと解釈し、「では和尚さんは自分を〝仏〟だと仰るのですね」と訊ねます。

「仏性」は「仏となる可能性」と定義されます。この、可能性の有無は、「これからの可能性がない」とともに、「すでに可能性ではない」とも解釈できます。僧は、興善の答えを後者に理解して、「すでに仏になっているから、仏と〝なる〟可能性はなくなっている」と言ったと解釈しての発問です。

もちろん、興善にはそのような発想はありません。ですから、「仏ではない」と答えます。これは、禅の思想の基本である、「世界すべてが初めから仏である」に基づいた答えです。初めから外向きに現れているのです。「内在する可能性とその発現」という相対的な概念規定をすることはできない、それゆえ「仏ではない」なのです。

しかし、質問した僧は、どうしても目の前にいる師匠の属性を規定したい。そこでとうとう、真っ正面から「和尚さまはいったいどのような存在なのですか」と訊ねてしまうのです。

この「どのような存在」は、原文では「何物」なのですが、この「物」という言葉尻《じり》を捉え、興禅はまた身を躱《かわ》して「そんなモノではない」と答えました。

ここに至って、質問者はやっと興善の意図に気づいたのでしょう、興禅が目の前に居るにもかかわらず、「見えるのか、考えられるのか」と問うのです。つまり、「仏性の在りか」を問われた興善が、仏性の有無そのものを答えているのではなく、質問者に、仏性自体、「これ」と具体的に指し示すことができない存在であることに気づかせようとしているのだと察知し、「では、それを見たり分析したりできますか」と、質問の矛先を転換したのです。

そしてそれが興善の最後の回答へと繫がります。

この最後の答えもまた、掛詞《かけことば》です、「不可思議」なるものとなっています。「不可思議（思議できない）」を「思議すべきでない」ことに掛け、仏性が本来的に客体として把捉《はそく》できないものであり、その有無に関して議論すること自体が無意味であることを示唆しているのです。

《解説》

この問答に登場する興善惟寛《こうぜんいかん》（七五五〜八一七）は、趙州と同時代の人です。同時代に同じような問答が残されているということは、もしかしたら、この時期に、「けものと人間の仏性」について議論があったのかもしれません。しかし、いずれにせよ、他人の仏性を論じることを不毛なものとして退けるという方向では一致していると考えてよいでしょう。

さて、内容的展開ですが、ここでも、仏性について「ある」と「ない」の二つの答えが示されています。趙州の場合は、「犬」という同一の対象物に対して、「ある」・「なし」二通りの答えが用意されていました。こちらでは、一つの問答の流れの中で、「犬」と「興善」の二つの対象について、違った答えが示されました。

質問者は、犬と興善を媒体として、「仏性」とそれを有する存在を、なんとか明確に定義したいと考えて発問を繰り返し、それに答える興善は、なんとかして、僧にその発問の無意味さと、仏性が概念規定できない存在であることを示そうとしている、この問答は、そのような両者の思惑の下に進められているといえます。

それが最後の「不可思議」でまとめられるのですが、この結末は、じつに巧妙です。「すばらしいものだが、思いはかることができない」とでも解釈できるでしょう。

そこに至る展開に、やや演出が行きすぎた感がないでもないですが、「犬は？」「師匠は？」「仏性とは？」と勢い込んで質問する僧を、一見のらりくらりと躱しながら、仏のあり方を分析することの無意味さへと導いていく様子が、明確に理解できる問答となっています。

（四）最後まで無言で最高点

いままでは、弟子の質問に対して、師匠が苦労して答えている問答を見てきました。ここでは、師匠が投げかけた質問に、複数の弟子たちが、それぞれに工夫して答えている例を紹介します。ここで取り上げる二例の特徴は、最後まで答えずにいたものが、最も高い評価を得るというものとなっています。師の質問に対してさえ、語りすぎは禁物ということ。学校の授業とはまったく逆ですが、これが、言葉を用いない「不立文字」と、心に伝える「以心伝心」という、禅の基本理念に忠実に基づいた傾向なのです。

①達磨の跡継ぎ選び　―達磨皮肉骨髄―

達磨大師が、インドに帰ろうとして、門人を集めていった。「いま、〝その時〟が来ようとしている。どうだ、それぞれ体得したところを言うてみぬか。」

そこで門人の道副が答えた、「私の見解としては、文字に執われることなく、かといって文字から離れることもなく、仏道のはたらきをなすことだと思います。」

達磨は言った、「おぬしは、私の皮を得た。」

続いて尼総持《にそうじ》が発言した、「私の現時点での理解は、アナンダ尊者が阿閦仏《あしゅくぶつ》の浄土を一度垣間見《かいまみ》たものの、二度と見ることがなかったような（すべてに執着することのない）心境です。」

達磨は言った、「そなたは、私の肉を得た。」

三番目に道育が言った、「四大（世界の構成要素）は、空（実体なく常に変化するもの）ですし、五陰《ごおん》（物質・精神の世界全体）も、有《う》（確固たる存在）ではありません。私の見解は、その前提に立って、この世界には、何一つとしてつかみ取ることのできるものはないというものです。」

達磨は言った、「あなたは、私の骨を獲得した。」

最後に慧可《えか》は、師の前で礼拝をし、自分の位置に戻って立った。

達磨は言った、「あなたは、私の髄まで体得した。」

これによって、慧可は教えを伝えられ（中国禅宗第二祖となり）、その証明となる袈裟《けさ》を授与されたのである。

達磨大師、将《まさ》に西天に返らんとして、門人に謂《い》いて云く、「時、将に至らんとす。盍《なん》ぞ各おの所得を言わざる。」

時に門人の道副、対《こた》えて云く、「我が所見の如きは、文字《もんじ》に執《とら》われず、文字を離れず、而して道用《どうゆう》を為す。」

達磨大師将返西天、謂門人云、時将至矣。盍各言所得乎。

時門人道副対云、如我所見、不執文字、不離文字、而為道用。

師（達磨）云く、「汝《なんじ》、吾が皮を得たり。」

尼《に》総持《そうじ》云く、「我が今の所解《しょげ》は、慶喜《けいき》（阿難尊者）の阿閦仏国《あしゅくぶっこく》を見しに、一見して更に再見せざりしが如し。」

師云く、「汝、吾が肉を得たり。」

道育《どういく》曰く、「四大《しだい》は本と空なり、五陰《ごおん》も有にあらず、而《しこう》して我が見処は、一法として得べき無し。」

師云く、「汝、吾が骨を得たり。」

最後に慧可《えか》、礼拝して後、位に依つて立てり。

師云、「汝、吾が髄を得たり」。

是に於て法を伝え衣を付《さず》く。


師云、汝得吾皮。

尼総持云、我今所解、如慶喜見阿閦仏国、一見更不再見。

師云、汝得吾肉。

道育云、四大本空、五陰非有、而我見処、無一法可得。

師云、汝得吾骨。

最後慧可、礼拝後依位而立。

師云汝得吾髄。

於是伝法付衣。

（『禅林類聚《ぜんりんるいじゅう》』巻一〇）


この問答は、仏教の正しい教え、すなわち禅を中国に定着し終えた達磨が、郷里のインドに帰るにあたって、後継者を選定しようとなされたものです。

達磨の後継者候補となったのは、道副・道育・総持・慧可の四人でした。総持は女性なので、「尼」の字を付して「尼総持」と表記することも多く、ここで引用した原文もそうなっています。

この四人が、達磨に促されて、順次、自分の仏法理解を披瀝していくというのがこの問答の流れとなっています。

まず、最初に答えたのは道副でした。彼は、禅の教えとは、完全な文字の否定ではなく、それに振り回されることなく、自在に用いていくことであると述べます。もちろんこれは、「不立文字・教外別伝」の教えに基づいたものでした。

この回答に対する達磨の評価は、「皮」でした。つまり、自分の教えの皮相的理解に留まっているというのです。

続いて答えた尼総持は、釈尊の従兄弟《いとこ》であるアナンダが、阿閦仏の浄土を見ながら、二度とそれを見られなかったことを喩《たと》えに出し、仏の世界（浄土）ですら空であり、それに執着すべきでない、という心境にあることを述べました。

この答えに対する達磨の評価は、「肉」でした。

三番目に答えたのは道育です。彼の回答は、仏教の基本的な教えに基づいたものでした。彼の答えの中に出てくる「四大」とは、世界を構成する「地《ち》・水《すい》・火《か》・風《ふう》」の四つの要素のことです。現代風にいえば、固体・液体・気体、それにエネルギーに当たるかと思います。もう一つの「五陰」は「五蘊《ごうん》」とも書き、「色《しき》・受《じゅ》・想《そう》・行《ぎょう》・識《しき》」の五つの集まりです。「色」が物質、他は知覚作用や心のはたらきを指しており、心と体、物質と精神世界の全体を指しています。

これらの諸要素のすべてが、常に移ろいゆくものであり、実体を持たないものである、と彼は説きます。その前提に立つかぎり、この世界には、「悟り」さえも含めて、一切、つかみ取るべき「絶対なる存在」などない、という理解です。

この見解はまさしく「空」の思想であり、仏教の根幹を明確に指摘したものといえます。しかし、これに対する達磨の評価は、「私の骨まで理解した」というもの、満点ではありませんでした。

最後に慧可が立ち上がります。そして彼は、何も言わず達磨の前に進み、作法に則《のっと》ったお拝をし、もといた場所に戻って立ちました。彼はまったく言葉を発することなく、ただ、弟子として師匠に最高の礼節を示したのです。

この作法に対し、達磨は「私の髄（真髄）を得た」、という最高の評価を下し、自分の跡継ぎと認めました。そして、それを証明する袈裟《けさ》を授けたというのです。

無言の礼拝で二代目を受け継ぐ、まさしく、心から心への法の伝授を謳《うた》い、「言葉を超えた実践」を重視する禅を象徴するものといえるでしょう。

《解説》

達磨がインドに帰ろうとしているというこの問答の設定は、じつは、一般的な達磨の伝説とは異なっています。達磨伝で主流となっているのは、彼が、自らの使命を終えた時、彼の人気を妬《ねた》んだ僧の盛った毒を自ら服し、その生を終えたというものです。ただ、埋葬された後、墓から復活してインドへと帰っていったという伝承もあるので、そこまで含めれば、「帰る意志」

が存在していたことにはなるかもしれません。

　いずれにしろ、達磨の後継者が誕生する瞬間を扱ったこの問答は、そんな伝説との齟齬《そご》とは無関係に、後世の禅の教えの継承と、禅宗としての発展の源として扱われています。その根本となるのは、「仏法は言葉では伝えられない」という、以心伝心の教えといえます。

　達磨の質問に対する弟子たちの回答は、大きく二つの内容に分類できます。道副と慧可は、禅思想の特徴である「不立文字、教外別伝」に基づき、教えの根本が言語表現を超えたものであることを示しています。

　尼総持と道育は、仏教の根本教理である「空」の教え、すなわち、一切の存在は常に変化していて実体がない、という教えに基づき、その実体なきものの中から〝何か〟を選び取ることの無意味さを答えています。もちろんこの〝何か〟とは、「悟り」や「真理」と表現されるものので、それらを特別扱いすることを否定しているのです。

　その意味では、それぞれの回答は、しっかりと仏教・禅の教えを表現していることになるのですが、最終的に「最高点」を獲得するのは、表現できないことを言葉にせず、実践で示したものでした。

　いかに仏法を深く理解し、それを的確な言葉をもって表現したとしても、それは教えのすべてを表現し尽くしたものではない、むしろ、一言も発することなく、ただ、それがすでに自分に具《そな》わっていることを「実践」をもって示した慧可が、最も評価されたのです。最初の道副は、その「不立文字」の基本に立ちながらも、それを言葉で表現してしまいました。また、他の二人も、はじめから言葉を用いてしまい、かつ、自分自身の完全性（自性清浄《じしょうしょうじょう》）を表現しえていなかった、それゆえ満点をもらえなかったということになるでしょう。

以上のように、この問答では、四人の回答を序列化して解釈するのが一般的ですが、しかし、その後の禅の展開において、さらに発展的な解釈が示されるようになりました。それは、「体得」の定義に基づいたものといえます。

最も顕著な例が、道元の次のような評価です。

（この問答から）知るべきである、達磨の「皮」「肉」「骨」「髄」は、（弟子達の理解の）浅深を（評価したもの）ではない。たとえ、（四人の）見解に優劣があったとしても、達磨が言ったのは、「私を得た」ということだけなのである。

【原文】

しるべし、祖道《そどう》の皮肉骨髄は、浅深《せんしん》にあらざるなり。たとひ見解に殊劣《しゅれつ》ありとも、祖道は得吾《とくご》なるのみなり。

（『正法眼蔵』「葛藤《かっとう》」巻）

ここでは、四人の弟子たちの理解に優劣のあることは認められていますが、それと同時に、たとえ一部分であっても、「達磨（の教え）を得た」ということにおいては同等だとされています。

これはつまり、達磨そのままの完全理解という終着点を設定して「教えの体得」を評価するのではなく、たとえ一部分であっても、「体得する」ことができれば、それがどんなにわずかであっても、現在の自分を「高めた」ことになるという考え方です。

達磨に認められた慧可にしても、慧可が丸々そのまま達磨となったわけではありません。慧可は慧可で、自分なりの仏法を表現したのですから、その意味からすれば、彼とて「部分的理解」であったということになります。

ですから、どれだけたくさんを得たか、ということは、ここでは問題にならないのです。ほんの少しでも「達磨を得る」ことができればそれで良い、ということなのです。悟りという完成態を設定してそこに向かっていく修行形態を「目標設定型」とすれば、この道元の解釈は「積み上げ型」ということができるでしょう。どんなに少しでも、自分を高められればそれが評価となる、このように考えると、どのような些細《ささい》な結果にも、十分な評価を与えることができるようになり、次のステップへのきっかけとなります。

道元は、禅思想史の中にあって、とりわけストイックな修行を間断なく続けることの必要性を主張した人です。それゆえに、非情なイメージもありますが、その根底には、このような、一見、どれほどつまらぬ成果であっても、それを最大限に評価し、次へ繋げていくという教育理念が存在していました。これがいわば、いまに伝わる禅の修行観の基本であるともいえるのです。

②馬祖と弟子たちのお月見

馬祖が、弟子の南泉《なんせん》（普願《ふがん》）・西堂《せいどう》（智蔵《ちぞう》）・百丈《ひやくじよう》（懐海《えかい》）と共に月見をしていたおりに、「正にこのような時（月の綺《き》麗《れい》な今）どう思うかね」と訊ねた。

西堂、「供養するのにぴったりです」と答えた。

百丈に問うと、彼は「修行するのにぴったりです」と答えた。

南泉に問うと、彼はさっと袖《そで》を払って、何も答えずに出て行ってしまった。

馬祖が言った、「経典は蔵《くら》（西堂智蔵のところ）に入っており、禅修行は海《うみ》（百丈懐海）に帰着する。ただ独り南泉だけは、それらを超えた世界（悟りの世界）におるわい。」


馬祖《ばそ》、南泉《なんせん》・西堂《せいどう》・百丈《ひやくじよう》と月を翫《めで》る次《お》り、祖、月を指して西堂に問う、「正《まさ》に恁麼時《かかるとき》に当たりて、如何《いかん》。」

西堂、対《こた》えて云く、「正《まさ》に供養に好し。」

百丈に問うに、丈、対えて云く、「正に修行に好し。」

南泉に問うに、泉、袖を払って便ち出ず。

祖云く、「経《きよう》は蔵《くら》（智蔵）に入り、禅は海《うみ》（懐海）に帰

馬祖百丈西堂南泉翫月次、祖指月問西堂、正当恁麼時如何。

西堂対云、正好供養。

問百丈、丈対云、正好修行。

問南泉、泉払袖便去。

祖云。経入蔵禅帰海。唯有普願独超物

す。唯だ普願のみ有りて独り物外《もつがい》に超えたり。」　　一外。（『円悟録』）

この問答も、師匠が複数の弟子に質問を投げかけるものとなっています。弟子の数は三人、それぞれに馬祖門下にあって中心的な役割を果たした弟子たちです。

厳しい禅の修行の中で月見というと、違和感を持たれる向きも多いかもしれません。しかし、禅門では、「月」を大切にします。とりわけ満月は、一切欠けたところのない円満な悟りの喩えとして用いられることが多いのです。

さて、その満月の夜、馬祖と三人の弟子が月見をしていました。その満月にちなんで、馬祖が、「この満月の美しい夜をどうするか」という質問を投げかけます。もちろん「月見によい」などという答えは受け付けられませんので、弟子たちはそれぞれに、答えを用意します。

まず西堂です、この人の法諱《ほうき》は智蔵といい、馬祖門下のリーダー的存在でした。ですから、「供養によい」と、円満な月を仏菩薩の威徳に喩え、それを讃える法要に結びつけて答えます。

次いで百丈は、「修行するのがよい」と、満月を欠けたところのない円満な状態になぞらえ、自分を高めるきっかけとすると答えました。百丈の法諱は懐海、後に触れますが、「清規《しんぎ》」と呼ばれる禅宗独自の修行規範を成立させた人ですので、まさにその性格通りに、修行と悟りの密接な関係に即した答えといえます。

最後に南泉ですが、彼は何も答えることなく、「袖を払って」去っていってしまいます。この「袖を払う」というのは、回答の拒否を意味しています。ですから、南泉は、「満月」という媒体を用いて、自分の心境を示すことを拒否したということになります。

師匠を目の前にして、質問への回答を拒否するというのはかなり勇気のいる行為ですが、馬祖は、それに立腹するどころか、むしろ彼の態度を、最も高く評価しています。

最後に、この三人に対して馬祖が評価を下すのですが、それは掛詞となっています。

まず、「経は蔵に入る」ですが、この「蔵」は、経典を保管する「経蔵」のことです。それを、西堂の法号である「智蔵」に掛けて、「経典はしっかりと経蔵に保管してある」という意味に、「経典は西堂智蔵のものである」という意味を含めて、彼の答えを評価しているのです。

次の「禅は海に帰す」の「海」は、「仏性海」などという例があり、すべての川が最終的に流れ込む場所であることから、修行の帰着点の意味を持ちます。それと、百丈の法号の「懐海」の「海」を掛けています。これによって、馬祖が、「禅修行は悟りの海に帰着する」ことと、「禅修行は懐海のものである」という二つの意味を込めた発言であるということになります。これも、百丈の答えを、それなりに評価したものといえます。

最後に、三人目の南泉に対する評価ですが、「彼だけが、この世界を超えている」とは、現代語訳にも付加したように、彼が、すでに仏の世界にいるという、極めて高い評価です。やはり、自己表現をするのに、言葉を発するよりも、明確な行為で示すことに高い評価を与えるという、禅の特質をよく示した結末ということができるでしょう。

《解説》

この問答は、真円の月を、悟りの完成した状態に喩え、それに照らされている自分たちのあるべき姿を問うたものです。

夜空に浮かぶ月は満ち欠けを繰り返し、また時には雲に隠れ、常にその姿を変えます。その様子を修行の成果に当てた問いかけは、禅問答によく見られる手法です。もちろん、満月はその究極の姿を象徴するのですが、しかしその真円の姿もたった一日、すぐさま欠け始めてしまいます。とはいえ、月はいくら欠けていても、それは欠けた部分が眼で見えないだけで、常にその本体は真円です。このあたりが、禅の修行と悟りの発現の関係に良く似ていると考えられたのでしょう。

一方で、仏・如来や真理を喩えるということであれば、このあと「満開の芍薬《しゃくやく》」のところで触れる「毘盧遮那仏《びるしゃなぶつ》」のように、太陽を引き合いに出せば良いとも思われるのですが、禅問答では、それはあまり積極的には用いられません。思うに、太陽は満ち欠けしないので、修行の成果としての悟りには喩えにくいですし、また、その丸さを直接見ることができず、「円満さ」の表現としにくいのがその理由かもしれません。

さて、この問答では、師匠の問いかけに対して、三人の弟子たちがそれぞれに、自分のキャラクターに即して心境を表現していました。それらは皆、一定の評価を与えられるものではあったのですが、先の達磨の後継者選びの問答における慧可と同様、最後の南泉が、一番高い評価を得たことになっています。

この理由を考えるに、まず第一点として、南泉が、言葉をまったく用いずに自己の思いを表現したことが挙げられます。

しかし、南泉の場合はそれだけに留まりません。南泉は、動作によって回答したのではなく、むしろ回答することを拒否しているのです。ここが慧可とは違っています。

この「拒否」は、悟りの本質を、満月という対象物として「眺める」ものではないことを表現しています。

南泉斬猫（僧たちが猫の取り合いをしているとき、南泉は僧たちに「真実の一語を言え」と言い、僧たちが答えられないのを見て猫を斬ってしまう…。仙厓筆　古田紹欽『仙厓』〈出光美術館〉）

西堂と百丈は、馬祖の質問に即して、いま見ている「月」を媒体として自分のあり方を回答しようとしました。南泉は、それを拒否することによって、「満月」が自分の中に在ることを示しました。この「自己の本質の表現」が、馬祖に高い評価を与えさせる要因だったのです。

禅問答では、「真理」や「悟り」は直接表現することのできない物として扱われます。それと同時に、それは、自己の外に在る「対象物」ではなく、あくまでも自分自身に問いかけ、そこに見出さなければならないものとして位置づけられているのです。

第四節　仏をどのように表現するか

前節では、「悟りは表現できない」ということを、沈黙や表現の拒否によって示す問答を紹介しました。しかし、これら否定的な方向とは逆に、禅の指導者達は、「悟り」や「仏」をどうにかして表現しようと、葛藤《かっとう》の末にそれぞれのオリジナルな表現を生み出してもいるのです。ここでは、その具体例をいくつか紹介していきます。

（一）その時その場だけの「仏」

普遍的な悟りや真理は表現し得ない、という前提の上に多くの禅者が選び取った表現形式は、禅の現実肯定の姿勢に基づきつつ、目前に存在する具体的な事象を、その瞬間の絶対性を示すものとして切り出すことでした。つまり、普遍的な存在を、目の前の一事物に集約して示すということです。以下、具体的にどのような事物に集約したのかを見ていくことにします。

①満開の芍薬《しゃくやく》――雲門花薬欄《うんもんかやくらん》――

（僧が）質問した、「清浄法身仏《しょうじょうほっしんぶつ》（毘盧遮那仏《びるしゃなぶつ》）とはどのようなものですか。」

師（雲門）が答えた、「満開の芍薬の花の植え込みだ。」
さらに質問した、「そのように理解した時はどうなりますか。」
師が言った、「金毛《きんもう》の師子《しし》だ。」

問う、如何《いか》なるか是れ清浄法身。
師云《いわ》く、花薬欄《かやくらん》。
進んで云く、便ち与麼《よも》に会《え》する時如何《いかん》。
師云く、金毛の師子。

問、如何是清浄法身。
師云、花薬欄。
進云、便与麼会時如何。
師云、金毛師子。（『雲門広録』上巻）

僧の質問にある「清浄法身」とは、「清浄法身仏」のことで、毘盧遮那仏《びるしゃなぶつ》を指します。原語は「太陽」の意味で、この世界（法界）全体に行き渡る「仏の智慧《ちえ》の光」を人格化したものです。

ただ、この「法身」を、仏の三身（法身《ほっしん》、報身《ほうじん》、応身《おうじん》）の一つと考えると、少し別の意味になります。こちらは、時空を超えて存在する、具体的な形を持たない「真理」を表現したものとなります。

いずれにしろ、この僧は「世界を成立させているもの」について訊ねたことにはなるのですが、もちろん、答える雲門は禅者ですから、この問いかけに、仏典の解説や辞書的な定義で答えることはしません。一言、「芍薬の植え込み（花薬欄）」とだけ答えます。

この答えは、柵《さく》で囲まれた満開の芍薬の植え込みのイメージです。その豪華さを、燦然《さんぜん》と光を放つ「毘盧遮那仏」に重ねたものと解釈できます。雲門は、毘盧遮那仏を現実から遊離した存在（はるか天空に輝く太陽のような遠い存在）としてではなく、質問者の眼前で、その光を受けて咲き誇る芍薬として示したのです。

僧は、その回答を受けて、「解りました、ではその通りに理解してよろしいのですね」と、雲門の回答を再確認します。書き下し文の「進んで云く」は、さらにたたみかけて質問することです。

ところが雲門は、それに対して別の概念を提示します。それは「金色に輝く師子である」というものでした。「師子」とは「獅子」で、百獣の王のこと。仏典では、その威徳にすべてが付き従うことから、仏に喩《たと》えられます。

先ほどは、目の前の事物で答えた雲門が、今度は、「輝く師子」という、仏典において、中心的に扱われる、極めて動的な存在を持ち出すのです。芍薬の静かな輝きから、獅子の躍動への転換が行われたのでした。

《解説》

この問答は、『碧巌録《へきがんろく》』第三九則にも収録されており、雲門の代表的な問答の一つとされているものです。

清涼法眼禅師・雲門大師図（馬遠筆　天龍寺蔵）
『南宋絵画―才情雅致の世界―』（根津美術館）

僧の質問にある「清浄法身」すなわち毘盧遮那仏は、すでに述べたように、世界を成立させている「太陽」を人格化したものです。奈良東大寺の大仏が、この毘盧遮那仏であることは良く知られるところですが、これは、朝廷が、この、世界の中心となる存在を、中央集権国家の象徴としたものなのです。

その性格については『華厳経』を中心に、多くの経典において説かれているものなのですが、禅問答では、それを引用して解説することなどあり得ません。知識として理解するだけでは、現実の仏道修行にはまったく役に立たない、というのが答える側の基本的なスタンスとなります。

雲門は、この問答において、まず最初に、それを極めて具体的で、身近にある事物に代表させました。それが、「芍薬の植え込み」だったのですが、遠くにある太陽と、その光を受けて目の前で咲き誇る芍薬という、遠近の対比がそこにあります。

まずこのように手近な物で代用して示すことが、禅問答において「悟り（真理）」や「仏（如来）」を表現する代表的な手法となります。

ただ、一つの「手近な物」を示すと、今度は、それに固執してしまう危険性が生じてきます。それゆえ雲門は、僧が「それでよいですね」と確認した時に、今度は「金毛の獅子」という別の概念を提示したのです。

これは、同じように「輝けるもの」ですが、極めて動的な存在です。これによって、毘盧遮那仏を、仏像のような静的な存在としてだけではなく、もっと躍動感溢《あふ》れる、それこそ太陽のような、大きなエネルギーを発する存在として表現し直したということなのです。

このように、禅の指導者が絶対なる存在を表現しようとした時、まずそれを現前の具体的事象に引き当てることが多いのですが、ただ、その表現自体は、その瞬間だけのもので、次の瞬間には、また別の回答が用意されることになります。そのようにして、指導者は、修行者の悟りや仏への凝り固まった思考を解きほぐしていくのです。

②棒きれのような乾いた糞《くそ》—雲門乾屎橛《かんしけつ》—

（僧が）質問した、「釈迦牟尼仏《しゃかむにぶつ》の身体とはどのようなものですか。」

師（雲門）が答えた、「乾いた糞だ。」

問う、如何なるか是れ釈迦身《しやかしん》。
師云《いわ》く、乾屎橛《かんしけつ》。

問、如何是釈迦身。
師云、乾屎橛。（『雲門広録』上巻）

この問答も、雲門文偃《うんもんぶんえん》によるものです。

僧は、「釈迦牟尼仏のからだ」について質問しています。仏の本体を訊ねている点では、前の「清浄法身」と良く似た質問です。ただ、それに対する雲門の答えは、そのまま現代語に訳すのを躊躇《ちゆうちよ》するようなものとなっています。

それは、「乾いた糞」。からからに乾涸《ひか》らびて棒状になった排泄《はいせつ》物のことです。

この「乾屎橛」は、かつて日本では「糞かきべら」と誤って訳されていました。トイレで用をたした後に尻《しり》を拭《ぬぐ》うへらの意味です。しかし、それはそれで「廁坑頭籌子《しこうとうちゆうす》（トイレのアナの側にあるへら）」という表現があることもあって、「乾屎橛」が排泄物そのものであることが判明しました。いずれにしろあまり綺麗《きれい》な話ではないのですが、このような行儀の良くない表現を用いるのも禅問答の一つの特徴といえます。この「へら」を使った問答についても、後に触れることにします。

さて、雲門は、この、皆が避けて通るようなもので「釈迦牟尼仏のからだ」を喩えました。あまりにも強烈な表現です。この単刀直入なところは、雲門文偃という人の性格にも由来するのですが（コラム「雲門文偃の指導方針」参照）、ただ激しいだけではなく、当然そこには意味があります。彼は、「いまここにある事象のすべてが、最もつまらないものに至るまで仏としてある」ことを示そうとしたのです。

だからといって、何もこれほどに「仏身」を貶《おとし》める必要はなかったのではないかという批判も、当然あるでしょう。しかし、雲門があえてそれを行ったのは、質問者が漠然と「崇高なもの」として捉《とら》えていた「仏身」に対する意識を、根底から覆そうという意図があったからに違いありません。

「釈迦牟尼仏」というと、誰もが、崇高なる存在、この世界から一段高いところにいる存在をイメージします。そしてそれを大切にしたがる。それは、禅の修行者にとっては最も危険な考え方なのです。雲門に限らず、禅の指導者達は、そのような意識を根底から覆すため、ことさらに強烈な表現を用います。これはその一つの例ということができるでしょう。

③お袈裟《けさ》一着分の麻布―洞山麻三斤《とうざんまさんぎん》―

僧が洞山に質問した、「仏とはどのようなものですか。」
洞山が答えた、「重さ三斤の麻布だ。」

僧、洞山に問う、如何《いか》なるか是《こ》れ仏。　　―僧問洞山、如何是仏。

洞山云《いわ》く、麻三斤。

洞山云、麻三斤。
（『景徳伝燈録』第二二「双泉師寛」章）

ここに出てくる洞山は、洞山守初《しゅしょ》という人で、雲門文偃の弟子の一人です。「仏とは」という質問に対して、師匠と同じように、「三斤の麻布」という具体的な事物で示しています。

この答えの解釈が、古来議論されてきたものであることは、すでに「はじめに」で触れたところですが、いま一度、詳しく見ていきたいと思います。

そこでこの「麻三斤」の意味ですが、「三斤」の「斤」は重さの単位、「麻」は、従来は、「麻の実」とされていました。それは、「どこにでもあるもの」の代表で、それゆえ、洞山は「仏」を、どこにでもある麻の実に喩えて答えた、という解釈が行われていました。三斤（当時の度量衡で約七七〇グラム）とは、両手に盛る程度の量だというのです。

ただ、これですと、麻の実に限定される意図が見えてきません。そこで、近年では、この「麻」は「麻布《あさぬの》」のことで、「三斤」は僧侶《そうりょ》の袈裟一領《けさいちりょう》（一着）分の分量だとされています。

この解釈によれば、洞山は「仏」を「袈裟一領分の麻布」と答えたことになります。そしてその意図は、「仏とは、麻のお袈裟を身につけているそなた自身である」というものであったとされます。つまり、他者に「仏」を質問した僧に、自分自身が「仏」としての存在であることを、遠回しに気づかせようとしたというのです。

どうも、答えが象徴的すぎるのも、多様な解釈ができてしまって考えものといえます。ただ、逆に、考えさせる回答をするのが禅問答の本質であるという観点からすれば、これは「良い問題提起」ということになるのでしょう。事実、この問答は、その後、多くの禅者達に用いられました。

日本でも、鎌倉時代に、道元が深草の興聖寺で行った最初の法戦式《ほっせんしき》（修行僧の問答合戦）で、この「洞山麻三斤」が、「本則《ほんそく》」と呼ばれる、儀式の中心となる問答として採用されています。このように、中国の禅が日本へと伝来した当時から、この公案が重視されていたことが判るのですが、では、その当時、道元はこの「麻三斤」をどのような意味で解釈していたのでしょう。なかなか興味深いところですが、残念ながら記録として残されておりません。

《解説》

ここで紹介した三つの禅問答は、どれも仏教の真髄に関するものです。質問者は、とにかく仏教のなんたるかを知りたくて勢い込んで質問したのでしょう。しかし、指導者の答えは、どれもたった一言のみ、質問者の意気込みとはほど遠い、あっさりとしたものでした。

雲門は、多くの禅者の中でも、ことさら答えが短いことで知られます。三つ目の洞山守初はその雲門の弟子です。この師弟の性格についてはコラムに譲るとして、彼らはなぜ懇切丁寧な回答をしなかったのでしょうか。それは、まず第一に、すでに幾度も触れたことですが、真理というものは、他人から教えてもらうものではなく、自分からつかみ取らねばならないものであるがゆえに、あえて、自分で考えさせる回答をしたというものです。

もちろん、修行僧が道を誤らないようにするための指導は懇切丁寧に行われます。これが「即心是仏」の項で触れた「老婆心」です。でも、それはあくまでも修行僧の歩みを助けるためのものであって、安易に終着点を教えるものではありません。答えをもらった修行僧も、その後、それを自分自身のものとするため、さらなる修行を行わねばならないのです。

そのような考え方に立って、師匠たちは、まず「不親切」な説明をします。そしてさらに、ここで見たような、「悟り」や「仏」に関する質問には、あえて身近な事象に当てて答えていくことになるのです。それは、質問者たちによって、はるか遠くに托上され、概念化されて現実から遊離しかかっていたそれを、自分たちの居場所へと引き下ろすことを意図したものでした。

ただ、それらは当然、答えとなる事象を、現に目の当たりにしている質問者への、その時その場のみの回答となりますから、後にその記録を見て解釈するものをさらに混乱させる結果となっていきます。これが禅問答の難解さの理由の一つとなっていることも、すでに触れたところです。

ただ、その難解さが、まさしく禅問答の意義として尊重されることも事実で、じつは、ここに紹介した三つの禅問答は、それぞれ、一つ目と三つ目は『碧巌録』に、二つめは『無門関』に収録され、学ぶべき「公案」として重視されているものなのです。

雲門文偃の指導方針

いま紹介した二つの問答の主役である雲門文偃（八六四〜九四九）は、中国唐代に成立した五家の一つ「雲門宗」の派祖とされる人です。

ここで紹介したように、彼の受け答えは、数多い禅問答の中でも、特に短く象徴的なものとなっています。それは、問答をしていた相手にとっては、鋭く心に響くものであったようで、「口を開けば肝を見る（口を開いたとたんに腹の底まで見える）」と評価されていいます。しかし、同じ言葉であっても、彼らの時代から千年以上を経た、現代の私たちには、それはなかなか解釈し辛《づら》いものとなっています。

雲門が、このような端的な表現を好むようになったのは、彼がある時、次のような決断を下したからでした。

雲門はある時言った、「私はいつも『一切の声は仏の声である。一切の色は仏の色である。全世界は法身である』と言ってきたが、それはいたずらに『仏法』という模範解答を示したに過ぎなかった。いまは、拄杖《しゅじょう》を見れば拄杖と言うだけであり、家を見れば家と言うだけである」。

【書き下し】

師、ある時云く、我れ、尋常に、一切の声は是れ仏声、一切の色は是れ仏色、尽大地是れ法身と道《い》い、枉《むな》しく箇の仏法中の見を作す。如今、拄杖を見れば、但《た》だ喚《よ》んで拄杖と作《な》し、屋を見れば、但だ喚んで屋と作すのみ。（『雲門広録』巻中、原漢文）

雲門は、修行者の問いかけに対して用いていた「すべての存在が〝仏〟として現れている」という模範解答を一切止め、これからは、質問を受けたその時その場の状況に応じて、目前の個々の事象をそのままに答えることにしたというのです。これは、すべての存在の奥底に画一的本質を、いかにも解ったように説き示していた自分に対する反省でもありました。

これが、雲門の発言が短く端的であることの理由の一つです。また、さらにこの傾向は、弟子たちに受け継がれました。この節で紹介した洞山守初は雲門の弟子でしたし、智門光祚もその法系を嗣《つ》いで、雲門宗に所属しているのです。

智門光祚の弟子の雪竇重顕《せつちようじゆうけん》は、百則の公案を集めた「雪竇頌古《じゆこ》」を作りました。「禅の公案」の体系化です。収録された公案は、雲門宗の祖師が中心となっています。これが後に再編されて、禅宗各派で重視され、共用された公案集である『碧巌録』となったことを考えると、禅問答が全体的に象徴的に過ぎて難解である理由は、この雲門の指導方針に端を発しているともいえます。

確かに、これこそが禅問答の特徴であると考えれば、その一端を築き上げた雲門の功績は大きいものです。ただ、彼が、もう少し説明的な方向へと〝決断〟してくれていれば、もしかすると禅問答も、もう少し解りやすいものになっていたのかもしれない、そう思うのは私だけでしょうか。

（二）「法身（絶対者・絶対的真理）」とは何か

前項では、絶対的な真理や悟りに関する質問への回答方法について見てきたのですが、これらは、仏教者ならば最も知りたい部分であることもあって、多くの僧が、それぞれの師匠に質問を投げかけました。そして禅の指導者（師家《しけ》）たちは、この、正解のない問いかけに対して、それぞれに工夫をこらして回答したのです。

いまここでは、その延長として、禅籍の中から特に「法身」に関する問答を拾い出し、列挙して解説してみることにしましょう。

①すべてが〝それ〟だ

（僧が）質問した、「如来は、数限りない化身《けしん》を持つといいますが、その中の清浄法身とはどのようなものですか。」

師（法眼《ほうげん》）は答えた、「すべてがそれだ。」

問う、千百億の化身、中に於《お》いて如何なるか是れ清浄法身。

師云く、総て是なり。

問、千百億化身、於中如何是清浄法身。

師云、総是。

（『文益禅師語録』）

まずは、最も一般的な答え方からご紹介しましょう。

僧の質問には、「千百億の化身の中の」という前提が付け加えられています。これは、如来が現世に現れる時の数多くの姿のことですが、意図としては、「清浄法身」について訊ねたものです。

それに対し、法眼は、あっさりと「世界のすべてがそれだ」と答えます。これは、質問者が付け加えた「千百億の化身」を逆手に取って、「それだったら化身すべてがそうだろう」というニュアンスも含んだ答えということができるでしょう。

《解説》

回答者の法眼文益《ほうげんもんえき》（八八五〜九五八）は、それまでの多くの禅者を、家風ごとに分類し、グループ分けをした人です。それが「五家《ごけ》」という呼称として後世に伝わります。このような分析的な宗風を持っているため、あまり奇をてらった解答は好まず、素直に基本的解釈を示していると考えられます。もちろん、質問者の出した条件を逆手に取ったところもあるのですが、内容的には、いかにも、という答えで、解り易いといえば解り易いのですが、禅問答としては、あまりに模範的すぎるきらいがないでもありません。

②白髪まじりの私の顔

（僧が）質問した、「清浄法身仏（毘盧遮那仏）とはどのようなものですか。」
師（謹禅師）が答えた、「灰だらけの頭に泥だらけの顔。」
（僧が言う）「いったいどうしてそのようになるのですか。」
師が答えた、「いったいどうして山僧《わたし》をとがめることができるのかね。」

問う、如何なるか是れ清浄法身。
師云く、灰の頭に土の面。
什麼《なん》と為《し》てか此《かく》の如《ごと》くなる。
師云く、争《いか》でか山僧《さんぞう》を恠《とが》め得ん。

問。如何是清浄法身。
師云、灰頭土面。
為什麼如此。
師云、争恠得山僧。

（『鼎山謹禅師語録』）

続いては、自分を毘盧遮那仏に当てたものです。師はまず、「灰だらけ、泥だらけ」と答えます。

質問者は、なにか特別な答えを期待していたのでしょう。答えの意味が理解できずに、「なんでそうなのですか」と続けます。

それに対する譚和尚の対応は「何で私をとがめられるのか（私のどこが悪いのか）」というものでした。このことから、譚和尚の最初の答えは、彼自身の風貌《ふうぼう》を表現したものだったことが分かります。

《解説》

「灰だらけの頭」とは白髪まじりの頭髪のことでしょう。有髪だったと思われます。「泥だらけの顔」はちょっと理解しにくいのですが、いちおう自分の顔を卑下して表現したものと解釈しておきたいと思います。

そうすると、譚和尚は、「私が清浄法身（の一つ）だ」と答えたことになります。すべてが法身である、という前提に立ちながら、その代表に自分を当てて回答したということになるでしょう。

③目玉いっぱいの埃《ほこり》

（僧が）質問した、「清浄法身とはどのようなものですか。」

師（光祚《こうそ》）が答えた、「目玉いっぱいに埃が積もっておる。」

問う、如何なるか是《こ》れ清浄法身。
師云く、満眼《まんげんこ》是れ埃塵《あいじん》。

問、如何是清浄法身。
師云、満眼是埃塵。
（『智門祚禅師語録』）

この問答では、「清浄法身とは何か」という問いに対し、智門光祚という禅者が「目玉いっぱいにつもった埃」と答えています。

《解説》

意味が限定しにくい答えですが、ここでいう「眼」は、質問者自身の目を指したものと思われます。そうすると、答えの意味は、「君の目には埃がいっぱい積もっている（君には何も見えていない）」と、質問者の姿勢を退けたものとなります。

この「埃」は、つまり「清浄法身」を何かすばらしいものと思い込んでいる、質問者の観念そのものということになります。師の光祚は、その埃に気づかせ、質問者の眼を開かせようとしているのです。

④尻拭《ふ》きの棒きれ

（僧が）質問した、「清浄法身とはどのようなものですか。」

師（省禅師《せいぜんじ》）は答えた、「便所の穴の所にあるへらだ。」

問う、如何なるか是れ清浄法身。
師云く、廁坑頭《しこうとう》の籌子《ちゅうす》。

問、如何是清浄法身。
師云、廁坑頭籌子。

（『広教省禅師語録』）

いきなり、トイレの話題となってしまいました。この「便所にあるへら」が、先ほど「乾屎橛」のところで触れた、「糞かきべら」の類《たぐい》を表現したものと思われます。もう具体的な説明はよろしいですね、「乾屎橛」のところで説明した目的のために、トイレに置いてあるへらのことです。

《解説》

この問答も、先ほどの「埃」と同様に、「清浄法身」に対する質問者の誤った観念を、誰もが厭い卑しむものになぞらえることで打破しようとしたものです。省禅師の回答は、「君が後生大事に抱え込んでいる『清浄法身』など、汚れを拭い取る道具にしかすぎない、それ自体を崇め奉ることなど止めなさい」と諭したものなのです。

以下の問答も、崇高なるものを現実へと引き下ろして表現するものです。かなり強烈な表現もありますが、指導のための方便、禅者独特のパフォーマンスとご理解ください。

⑤味噌甕《みそがめ》のウジ虫

（僧が）質問した、「清浄法身とはどのようなものですか。」

師（守初）が答えた、「味噌甕《みそがめ》の中のウジ虫である。」

問う、如何なるか是れ清浄法身。
師云く、醬甕裏《しょうようり》の蛆児《しょじ》。

問、如何是清浄法身。
師云、醬甕裏蛆児。

（『洞山初禅師語録』）

さて、これもひどい表現です。誰からも嫌われ厭われる、世の中の底辺にいる存在を引き合いに出し、質問者の観念を打ち破ろうとしています。「まったく、君の持っているウジ虫（清浄法身に対する誤った観念）のおかげで、甕の中の味噌がだいなしだ」といったニュアンスになるでしょう。

⑥蠢《うごめ》くウジ虫

僧が質問した、「清浄法身とはどのようなものですか。」

師（思明）は答えた、「糞の中のウジ虫が、頭を出したり引っ込めたりしている。」

僧問う、如何なるか是れ清浄法身。
師曰く、屎裏《しり》の蛆児、頭を出し頭を没す。

僧問、如何是清浄法身。
師曰、屎裏蛆児頭出頭没。
（『景徳伝燈録』巻一五「濠州思明」章）

これも同じ「ウジ虫」ですが、さらに、それが汚物の中で蠢くという、より強烈な表現となっています。この問答の「ウジ虫」は、どうも質問者自体のことを指しているようです。そして、そのウジ虫が住む排泄物が、「清浄法身」という観念ということになるでしょう。つまるところ、「君自身、清浄法身への執われという排泄物の中で蠢いているウジ虫にすぎない」と、徹底的に質問者を抑え付けた回答と考えられます。

ここまで来ると、さすがにそこまで言わなくてもと思ってしまいますが、この思明という禅者が、中途半端を嫌う性格だったのか、あるいは質問者が、よほど凝り固まった思いを抱いていたのか、いずれにしろ、その必要性を感じての発言だったと推測されます。

⑦ガマやミミズ

（僧が）質問した、「清浄法身とはどのようなものですか。」
師（玄訥《げんとつ》）が答えた、「ガマガエルやミミズだ。」

問う、如何なるか是れ清浄法身。
師曰く、蝦蟇《がま》と曲蟮《みみず》と。

問、如何是清浄法身。
師曰、蝦蟇曲蟮。
（『景徳伝燈録』巻一九「福清玄訥」章）

この玄訥という禅者の答えは、「ガマやミミズ」、庭の植え込みや縁の下、土の中にいる存在です。

これは、表現としては右の二例よりも随分と柔らかくはなっています。それでも、表現しているニュアンスは同じです。蝦蟇や曲蟮（蚯蚓《みみず》）は、日本の童謡「手のひらを太陽に」に「ミミズだって、オケラだって」とあるように、「〜だって」を付けて呼ばれるような存在です。崇高な法身を、身近で、かつさほど重視されない存在に当てた点で、やはり質問者の観念を打破し、現実へと目を向けさせようとしたものと考えられます。

ちなみに、ガマガエル（蝦蟇）は、禅籍に限らず、仏典にもかなりの頻度で登場します。しかもそれは、原始経典に始まり、戒律、論典のほぼ全般を網羅しています。その扱いは、中には隠された特別な能力を予想させるものもありますが、ほとんどが、あまり良いものではありません。それでも頻繁に引き合いに出されるのは、その飄々《ひょうひょう》とした風貌に、なにか仏教者を惹き付けるものがあったからかもしれません。

⑧井戸の底のガマガエル

僧が質問した、「清浄法身とはどのようなものですか。」
師（行靄《ぎょうあい》）が答えた、「井戸の底にいるガマガエルが月を呑《の》み込んでしまった。」

僧問う、如何なるか是れ清浄法身。
師曰く、井底《せいてい》の蝦蟇、月を呑却《どんきゃく》す。

僧問、如何是清浄法身。
師曰、井底蝦蟇呑却月。
（『景徳伝燈録』巻二三「白馬山行靄」章）

これも、回答にガマガエルが使われています。ただ、ここではその存在を清浄法身に当てているのではありません。そのガマが井戸の底にいて、月を呑み込んでしまったというのです。

《解説》
答えにガマガエルを用いるのは、右の例と同じですが、それの置かれた状況が加わっているため、ちょっと解釈しにくくなっています。
そのヒントとして、黄龍慧南《おうりようえなん》（一〇〇二〜六九）という禅者のコメントを参照することにしましょう。彼は、弟子にこの「月を呑み込む」という表現の意味を聞かれて「奈何《いかん》ともせず（どうしようもない）」と答えています。つまり、この僧をガマに喩え、言わずもがなの質問をしたことを嘆いたものと解釈しています。

これを、「普通ではあり得ないすばらしい行為」と捉えることもできますが、このシチュエーションでは、それはあり得ません。ここでは、むしろ、できもしないことを要求する相手を、井の中のカワズだと抑え込んだものと解釈しておくべきでしょう。

＊　＊

以上、「清浄法身」に対する、種々の回答を見てきたのですが、それぞれが、気高《けだか》い仏身とはほど遠い、現実の存在を呈示するものでした。その中には、表現にちょっと行き過ぎの感のあるものもありましたが、このように一覧することによって、指導者それぞれが表現を模索し、画一的な模範解答を避けていることがご理解いただけたのではないかと思います。

最後に、もう一つだけ、回答例を紹介してこの項を結びたいと思います。

⑨私にも解らない

僧が質問した、「聴くところに拠りますと経典の中に『私が如来というものを観察すると、それは過去から来るものでも、未来に去るものでもなく、今に留まるものでもない』とあるとのことですが、では如来とはどのようなものなのでしょうか。」

師（玄沙《げんしゃ》）が答えた、「大徳《あなた》もまた、如来を知らないな。」

（僧がさらに）言った、「いったいどうしてそうなのですか。」

師が言った、「ただ、そうでなければならないのだ。」


僧問う、承るに教中に言有り、我れ如来を観るに、前際に来たらず、後際にも去らず、今も即ち住する無し、と。如何なるか是れ如来。

師云く、大徳も也《ま》た如来を識《し》らず。

云く、什麽《なん》と為《し》てか此《かく》の如くなる。

師云く、ただ此の如くなるを要す。


僧問、承教中有言、我観如来、前際不来、後際不去、今即無住。如何是如来。

師云、大徳也不識如来。

云、為什麽却如此。

師云、只要如此。（『玄沙広録《げんしゃこうろく》』巻中）

ここで質問者が、「経典の中に…」として引用するのは『維摩経《ゆいまきょう》』「見阿閦仏品《げんあしゅくぶつほん》」の一節です。ですからこの問答は、阿閦如来の属性について訊ねたものとなります。

この「如来とはどのようなものか」という問いかけに対して玄沙は、「あなたもまた、まだ如来がどんなものか解っていない」と答えます。これは一見すると、質問者を退けたように見えます。しかし、「あなたもまた」（原文では「也」）という表現があるので、玄沙自身も、それが認識できていないことが分かります。

さらにその後、その理由を問われて、「そうでなければならぬ」と答えていますので、そのように「認識できない」ことを玄沙は必然と捉えていることになります。そしてそのことに対という対峙《たいじ》の仕方をして、まったく負い目も感じていないようです。これが、玄沙自身の「如来」への対峙の仕方ということになるのです。

《解説》

書き下し文の「承るに」は、それ以下の内容が、質問者自身の意見ではなく、教わったものであることを意味します。ここでは、それが『維摩経』の「如来」の定義にあたります。「如来」とは、サンスクリット語の tathāgata（タターガタ・かくのごとく来る）の訳語で、「如実に去来する人」、「輪廻《りんね》を解脱した人」の意味ですから、僧の質問にある経典の内容は、取り立てて特別なものではありません。それをあえて質問しているのは、玄沙自身の「如来の定義」を聞き出そうということなのです。

しかし玄沙はそれに真っ向から応じることなく、さらりと「私にも解らん」と答えてしまいます。この意味はすでに述べましたが、結局それによって玄沙は、如来とは、もともと認識しようと思っても認識できないものであり、その認識できないものであることを把握することが、結果的に真に如来を観ることになる、と説き示しているものと解釈できるのです。

この項では、一連の問答を挙げて、仏（如来）に関する表現を見てきましたが、結果的に、今までに見てきた種々の回答は、最終的には、この「認識できないことの必然」へと収斂《しゅうれん》されるものといえるでしょう。法眼文益もこれと同じ消息を「知らないということが最もピッタリしている（不知最親切）」と表現しているのです。

第五節　おしえを説きうるものとは

いままで、いくつかの禅問答を拠《よ》り所に、真理は言葉で示し得ないこと、また、仏（如来）という存在はけっして遠いものではなく、目前の事象そのものであること、が具体的な事物―特にそれは存在の底辺にあるもの―で示されていることを見てきました。これは、画一的な概念でそれを規定しようとすることを作為的な固着化として嫌うという、禅の性格に基づく表現だったといえます。

このような傾向から、さらに展開したのが、ここで紹介する「無情（無機物）の説法」です。じつは、禅では、「仏法が言葉で語り得ないものならば、言葉を持たない事物こそがそれを語りうる」とする考え方があるのです。

この「言葉を持たぬもの」とは、石ころや土塊《つちくれ》のような無機物です。これを「無情（心を持たぬもの）」と呼びます。このような「心を持たぬもの」は、それゆえに絶対に作為しない。作為を「はからいの心」ともいいますが、それがないからこそ、真理をありのままに示しうるという。まさしく、心がないからこそ「無心に」語れるということなのです。

この考え方を最初に主張したのは、六祖《ろくそ》慧能《えのう》の弟子、南陽慧忠《なんようえちゅう》という人でした。そしてそれは、禅思想の発展に大きな影響を与えていくことになります。

（一）垣根や石ころの説法―慧忠国師《えちゅうこくし》の無情説法《むじょうせっぽう》―

僧が質問した、「古仏の心とはどのようなものでしょうか。」

慧忠国師が答えた、「垣根や壁、瓦礫《がれき》などである。」

僧、「垣根や石ころは、無情（心を持たない存在・無機物）ではありませんか。」

国師、「その通り。」

僧、「それが説法できるのでしょうか。」

国師、「常に熾《さか》んに説いていて休《や》むことがない。」

僧、「私にはどうして聞こえないのでしょうか。」

国師、「君が自ら聞いていないからだ。他の者が聞くことを妨げてはいかんぞ。」

僧、「では、いったいどのような人が聞くことができるのでしょう。」

国師、「諸聖《しょしょう》（諸々《もろもろ》の聖人）だけが聞くことができる。」

僧、「和尚さんには聞こえていますか。」

国師、「聞こえていない。」

僧、「和尚さんに聞こえていないのでしたら、いったいどうして無情が説法できると知っておられるのですか。」

国師、「私に聞こえていないのが幸いなのだ。もしも聞こえていたら、諸聖と同じとなる。君は私の説法が聞けなくなってしまうではないか。」

僧、「だとすれば、衆生との区別が無くなってしまいます。」

国師、「私は衆生のために説いているのであって、諸聖のために説いているのではない。」

僧、「衆生が、（無情の説法を）聞いた後はどうなりますか。」

国師、「衆生ではなくなる。」

僧、「無情の説法は、どのような経典に説かれているのでしょうか。」

国師、「それは明確である。経典に具わっていない言葉は、君子の説くべきものではない。君は知らないのか、『華厳経《けごんきょう》』に、『国土が説き、衆生が説き、三世（過去・現在・未来）の一切の存在が説いている』とあるではないか。」

僧問う、如何《いか》なるか是《こ》れ古仏心《こぶっしん》。
国師曰く、牆壁瓦礫《しょうへきがりゃく》是れなり。
僧云く、牆壁瓦礫、豈《あ》に是れ無情ならずや。
国師曰く、是なり。
僧云く、還《は》た解《よ》く説法すや。
国師曰く、常に説くこと熾然《しねん》にして、説くこと間歇《かんけつ》な

僧問、如何是古仏心。
国師曰、牆壁瓦礫是。
僧云、牆壁瓦礫、豈不是無情。
国師曰、是。
僧云、還解説法否。
国師曰、常説熾然、説無間歇。

し。

僧云く、某甲《それがし》、甚麽《なん》と為《し》てか聞かず。

国師曰く、汝《なんじ》、自ら聞かず。他の聞く者を妨ぐべからず。

僧云く、未審《いぶかし》、甚麽人《なにびと》か聞くことを得る。

国師曰く、諸聖、聞くことを得る。

僧云く、和尚、還た聞くや。

国師曰く、我、聞かず。

僧云く、和尚、既に聞かざれば、争《いかで》か無情の解《よ》く説法するを知る。

国師曰く、頼《さいわい》に、我、聞かず。我、若《も》し聞かば、即ち諸聖に斉《ひとし》し。汝、即ち我が説法を聞かざるなり。

僧云く、恁麽《かく》ならば則《すなわ》ち衆生と分かち無きこととなり去《さ》らん。

国師曰く、我れ衆生の為に説けり。諸聖の為にせず。

僧云く、衆生、聞きし後、如何《いかん》。

国師曰く、即ち衆生に非ず。


僧云、某甲為甚麽不聞。

国師曰、汝自不聞、不可妨他聞者也。

僧云、未審甚麽人得聞。

国師曰、諸聖得聞。

僧云、和尚還聞否。

国師曰、我不聞。

僧云、和尚既不聞、争知無情解説法。

国師曰、頼我不聞。我若聞即斉於諸聖。汝即不聞我説法也。

僧云、恁麽則衆生無分去也。

国師曰。我為衆生説。不為諸聖説。

僧云、衆生聞後如何。

国師曰、即非衆生。

僧云く、無情説法は何の典教にか拠る。

国師曰く、灼然《しゃくねん》たり。言の典に該《そな》わらざるは、君子の所談に非《あら》ず。汝、豈に見ずや、華厳経に云く、刹説《せっせつ》、衆生説《しゅじょうせつ》、三世《さんぜ》一切《いっさい》説と。


僧云、無情説法、拠何典教。

国師曰、灼然。言不該典、非君子之所談。汝豈不見、華厳経云、刹説、衆生説、三世一切説。（『洞山録』）

少し長い問答ですが、その全体が「無情（無機物）の説法」について語られていることは、すぐにご理解いただけるでしょう。

それにしても、僧の勢い込んだ質問と、師匠の南陽慧忠の、一見のらりくらりとした受け答えが、何とも嚙《か》み合っていません。それゆえ理解しにくい部分も多いのですが、これがまた、いかにも禅問答といった趣《おもむき》を醸《かも》し出しています。

じつは、このように二人が嚙み合っていないのは、質問した僧が、「無情の説法を聞く」という行為を、根底から誤解しているからなのです。それがどのような誤解なのか、という解説は後に譲るとして、まずは、この二人の掛け合いを順次見てゆくことにしましょう。

この問答は「古仏の心（すでに仏となったものの心）」に関する質問から始まります。

慧忠は、その「古仏心」を、「垣根や壁、瓦礫《がれき》である」と定義するのです。身近にある、何の変哲もないもので示そうという点では、前節で見てきた「法身《ほっしん》」や「如来《にょらい》」の定義とよく似た表現といえるでしょう。ただ、ここで特徴的なのは、それが、ガマやミミズとは違って、生命のない無機物であるということです。

そのことを、僧は、「それらは無情（心を持たぬ存在）ではありませんか」と指摘し、慧忠もそれを認めます。これは、ここまでの流れからいえば、「最も古仏心のなさそうなもの」を示したということになるのですが、この後の展開を見ると、慧忠はむしろ、「無情（心を持たないもの）」だからこそ「古仏心」を持つことを積極的に主張しようとしているように見えます。それは、この節の冒頭で触れたように、「作為をすることがない（はからいのない）」存在だから。それゆえにこそ、ありのままの真実を表現しうるということなのです。

しかし、質問している僧は、どうしても納得できません。「石ころが仏だとして、説法ができるのでしょうか」と、さらに食い下がります。言外に慧忠を非難する含みがあるのはもちろんです。

それに対して慧忠は、「いつも休むことなく説き続けている」と、こともなげに切り返します。とはいえ、これも一般的通念では理解できかねる答えといえます。なにしろ、石ころが休みなく語っているということなのですから。

そこで、僧は、素直に「私には聞こえませんが……」と問いかけます。

慧忠は、それに対して、「君自身が聞こうとしないからだ」と答えます。僧は、この答えを、「君の能力が足りないから聞こえない」という意味に誤解して質問を続けます。

しかし、これは、単に「聞く能力がない」からではなく、むしろ「説法を聞く意識が違っている」と解釈するべきものです。無情の説法を「声」として耳で聞こうとしても、聞くことができないのです。では、どうやって聞くかといえば、「眼」で聞くしかない、慧忠の少し後の時代に、この問答で悟りを開いた洞山良价《とうざんりょうかい》は、そのように述べています。これが、この問答を解釈するカギといえるでしょう。

もちろん、質問している僧は、そのようなことはまったく思い付きません。「誰がそれを聞けるのか」、「和尚さんには聞こえているのか」、「聞こえたらどうなるのか」と、矢継ぎ早に質問を続けます。

この問答は、質問者が、「耳では聞こえない」ことに気づいた時点で終了となるはずのものです。ですから、慧忠は、それに気づかせようと答え続けます。

まずは「諸聖だけが聞ける」と答えます。このようにいうと、生身の人間にはない、なにやら神秘的で特別な能力を持ったものにだけ聞こえる特殊な説法があるように受け取られがちですが、これは、けっしてそのような、「仏《ほとけ》の神秘性」を説いたものではありません。むしろ、それを否定する方向です。無情の説法を聞くことを、超越した能力とすると、それを持つものは、生身の人間ではない（だから仏道修行者でもない）と婉曲《えんきょく》に表現したものと解釈できます。

ですから、慧忠自身も、それを「耳で聞く」ことなどできない。それが次の問いに対する答えとなります。むしろ、それを聞けるとしたら、その時点で「私」は超越者となる、だから、「私が聞いたとしたら、君には私の説法は聞けない」ということになるというのです。

僧は、「それだと和尚さん（悟った人）と衆生（迷える人）と区別が無くなります」と、やはり納得がいかないのです。しかし、衆生が衆生のまま仏としてある、という前提に立てば、それはそれで問題はないはずです。慧忠が「私は、衆生のために説いているのだ」と言ったのは、それに基づいた表現です。衆生が衆生でなくなってしまってはいけないということです。

しかし、僧は本当に最後まで、慧忠の真意に気づきません。最後に、「経典に論拠はあるのですか」という何のひらめきもない質問で締めくくります。

正直、ここまで嚙み合っていないのに、慧忠は、「典拠なき発言は君子のすべきことではない」と相手に合わせて丁寧に答えています。そして最後に「『華厳経』に、『一切の存在が説く』とあるではないか」、と無情の説法が言説（文字）によらないことを、経典の文言を持ち出して示し、この問答を打ち切ったのでした。

《解説》

この問答で最初に示される「牆壁瓦礫こそが古仏心である」という定義は、「心を持たない存在」にも「仏としての本質（仏性）」を見るという点で重視されました。

慧忠のこの表現は、禅宗以外にも知られていたようで、たとえば、中国天台の典籍である『四明尊者《しみょうそんじゃ》 教行録《きょうぎょうろく》』巻四にも、法《ほう》（事象）が常に変化しながらも、その本質を明確に現していることの例証として、「むかし慧忠国師が学問僧に『牆壁瓦礫が古仏心だ』と答えたのも、このことを示したものに他ならない（昔、慧忠国師、学者に、衝撃瓦礫を以《もっ》て古仏心と為す、と答えし此《こ》の旨に異ならず）」と見えます。

問答の後半部、つまり「無情の説法」に関する部分も、禅の展開の中で、頻繁に用いられています。しかし、すでに触れたように、質問と回答とがまったく嚙み合っていないために、この問答の内容だけでは、帰着点が明確に見えないものとなっています。

それに、一定の方向づけをしたのが、洞山良价《とうざんりようかい》でした。彼の示した解釈が、すでに触れた「無情の説法は眼で聞いて初めて聞こえる」というものだったのです。そこで、次に洞山良价が、この「無情の説法」について師匠に訊ねた問答を紹介しながら、この答えを導き出した過程を見ていくことにします。

（二）説法は眼で聞く――洞山の無情説法――

洞山が質問した、「無情の説法とは、どのような人が聞けるのですか。」

雲巌、「無情の説法は無情だけが聞くことができる。」

洞山、「では、和尚さんは聞くことができますか。」

雲巌、「私がもし聞けたら、君は私の説法を聞くことができないのだ。」

洞山、「もしそうであれば、私は和尚さんの説法を聞けないことになってしまいます。」

雲巌、「君が私の説法すら聞けないというのなら、いったいどうして無情の説法を聞くことができよう（できるはずがない）。」

洞山は、そこで偈《げ》（漢詩）を作り、雲巌に示した。

なんとすばらしいことか　／　無情が説法できるとは不思議なもの

もし耳で聞こうとしたら声は現れぬ　／　眼で声を聞いて初めて分かる

問う、無情説法、什麼人《なにびと》か聞くことを得る。

雲巌曰く、無情説法は、無情のみ聞くことを得る。

師（洞山）曰く、和尚、聞くや。

雲巌曰く、我れ若し聞かば、汝《なんじ》、即ち吾が説法を聞き得ず。

曰く、若《も》し恁麽《かく》なれば、即ち良价、和尚が説法を聞かざらん。

雲巌曰く、我が説法すら汝尚お聞かず、何ぞ況《いわ》んや無情説法をや。

師、乃ち偈《げ》を述べて雲巌に呈して曰《いわ》く、

也大奇《やたいき》、也大奇《やたいき》、無情の解《よ》く説くは不思議なり。

若し耳を将《もっ》て聴かば、声現《こえあらわ》れず。眼処《げんしょ》に声を聞い

問、無情説法、什麼人得聞。

雲巌曰、無情説法、無情得聞。

師曰、和尚聞否。

雲巌曰、我若聞、汝即不得聞吾説法也。

曰、若恁麼即良价不聞和尚説法也。

雲巌曰、我説法、汝尚不聞。何況無情説法也。

師乃述偈呈雲巌曰

也大奇　也大奇　無情解説不思議

若将耳聴声不現　眼処聞声方可知

て方《はじ》めて知るべし。

——（『景徳伝燈録』巻一五「雲巌曇晟」章）

これが、洞山良价が師匠の雲巌曇晟《うんがんどんじょう》との間で交わした問答なのですが、洞山は、慧忠の無情説法の真意を探るために、これに先だって、潙山霊祐《いさんれいゆう》を訪ねています。しかし、潙山は、質問には明確に答えず、雲巌曇晟という人物を紹介したのでした。

そこで洞山は雲巌へと行き、教えを請いました。その時に為されたのが、ここで紹介した問答なのです。

問答の前半は、慧忠と僧の問答とほぼ同じです。ただ一箇所、無情の説法を聞くことのできる存在を、「無情のみ」としています。慧忠は「諸聖」と答えていました。雲巌の方が、「人間でないもの」を、より具体的に限定しています。また、質問していた洞山も、さすがに禅の歴史に名を遺《のこ》した人だけあって、この時点で、「無情の説法」を理解してしまうのです。その心境を示したのが、末尾の漢詩です。

そこで示された理解は、「無情の説法というものは不可思議である、耳で聞こうとしても声はなく、眼で声を聞いてこそ理解できる」というものでした。

師の雲巌もそれを認めたのですが、これはあくまでも概念的理解であったため、洞山は、まだこれを完全に自分のものにしたとは感じていませんでした。とても厳しい自己評価です。そして師匠が亡くなった後、最終的理解へ向けて行脚《あんぎゃ》に出るのです。

その行脚の途中、大きな川を渡っている時に、彼は突然大笑いを始めました。それは川面に映ったおのれの姿を見て、「無情の説法」を完全に理解できたからでした。

なぜ、川面に映った自分の姿で理解できたのかといえば、それが「無情の説法」を「眼で聞く」ことだったからです。つまり、「川（の水）」が無情で、それが洞山の姿を映し示すことが、洞山に対する「説法」であり、洞山がそれを「見て」自分の姿を把握したことが、「眼」を以

携藤撥草瞻風
未免登山渉水
不知觸處皆渠
一見低頭自喜
川面を見て悟る洞山（洞山渡水図　伝馬遠筆　東京国立博物館蔵『南宋絵画―才情雅致の世界―』〈根津美術館〉）

て無情の説法を理解した（聞いた）、ということなのです。

《解説》

洞山良价は、南陽慧忠の「無情説法」を、以上のようにして理解しました。もちろん、「眼」だけでなく、「耳」でも、さらには「鼻」や「舌」、五感のすべてをも駆使して「聞く」、それが無情の説法ということになります。つまり、「無情が説法する」とは、自分の周辺にある無機物が、自然に移ろい、また、自分との関連の上で種々にその様相を変えていくことを敏感に感じ取り、そこから、自分には見えていなかった「自分」、を教えてもらうことだといえます。

それは、洞山の場合は川面でした。私たちの場合は、毎朝覗《のぞ》く洗面台の鏡を思い浮かべると、理解しやすいと思います。鏡は無機物です。毎朝私たちはそれを覗き込みます。でもそれは、「鏡」そのものを見ているのではありません。見ているのは、鏡に映る「自分の顔」です。

自分の顔は、自分ではけっして見ることができません。その、「見ることのできないもの」を、鏡という無機物が映し出して教えてくれる。私たちは、それを見る（聞く）ことによって初めて、「自分」を認識することが可能となるということなのです。これがつまり「無情が説法し、それを聞く」ということになるわけです。確かにこれは、「眼で聞く」とするのが最も適切な表現ということができるでしょう。

むろんこれは、眼だけではなく、その他すべての感覚器官についても同じでしょう。五感すべてで、周辺の事象が照射してくるものを受け取る、洞山の発言は、このように一般化して解釈するべきものと思われます。このあたりのことを、洞山は再び漢詩を作って表現しました。それは次のようなものでした。

最もいけないのは外に求めること　／　はるかに自分から離れてしまう
私は今、独りで行くけれど　／　いたるところで「かれ」と会う
「かれ」は今まさに私だ　／　しかし、私は今、「かれ」ではない
このように理解しなければならぬ　／　それでこそありのままの世界と一つとなれるのだ

切《せつ》に忌《い》む、他に従《よ》りて覓《もと》むることを　／　迢迢《ちょうちょう》として我と疎《そ》なり
我、今、独自に往《ゆ》くも　／　処処に渠《かれ》と逢《あ》うを得たり
渠《かれ》は今、正《まさ》に是れ我　／　我は今、是れ渠にあらず
応《まさ》に須《すべか》らく恁麼会《かく》して　／　方《はじ》めて如如《にょにょ》に契《かな》うを得たり

切忌従他覓　迢迢与我疎
我今独自往　処処得逢渠
渠今正是我　我今不是渠
応須恁麼会　方得契如如
（『景徳伝燈録』巻一五「雲巌曇晟」章）

この詩では、まず、仏法は基本的に自己の外には求められないことが確認されます。しかし、その「自己」は、「かれ」と密接に関連している。この「かれ」が無情です。

「かれは今まさに私である」とは、「かれ（無情）」が私となっている、つまり私を表現してくれていることになります。しかし、「私はかれではない」。自分自身が、すべて無情の側に移ってしまうのではなく、無情と対峙《たいじ》して存在するものだというのです。

これは、「外に求めない」ことを、ただちに世界全体が自分の身であるとするような、安易な自己肯定を拒んだものといえます。

そして、「まさにこのように（無情が自己を語り続け、それを感受し続けることと）理解してこそ、世界をありのままに把握することができる」というのです。

以上のように、洞山良价は南陽慧忠の提起した「無情説法」を解釈しました。周辺の事象が照らし出す「自己」を、五感の働きすべてを用いて「聞く」ことによって、自己の把握を達成することを意味しているというのです。

自分自身を知ることは、自己の内側に向かって思索することだけではないのです。このように、自己を、自分を取り巻く世界へと投げかけ、そこから返ってくる返答を真摯《しんし》に受け止める。そのようにしても把握されていくのです。

これはまた、自己の尊厳性を主張するあまり自分本位になってしまうことを防ぐための方策であったのかもしれません。

日本の禅僧、道元の作とされる次の和歌も、これと同じ消息を端的に示したものといえるでしょう。

みねのいろ　たにのひびきも　みなながら　わがさかむにの　こえとすがたと
（山の色の四季の移ろいも、谷川のせせらぎの音も、みな釈迦《しゃか》牟尼《むに》仏《ぶつ》の声と姿なのである）

（三）般若《はんにゃ》を語る風鈴《ふうりん》――如浄《にょじょう》の風鈴のうた――

（風鈴は）体中を口にして大空《おおぞら》に掛かり　／　どの方向からの風であろうとも
等しく「かれ」と般若を語る　／　チリリン　チリリン　チリリン　と

もう一つ、問答形式ではありませんが、無情が真理を語ることを示した漢詩を紹介しましょう。

通身《つうしん》是れ口にして虚空《こくう》に掛かる
東西南北の風を管《かん》せず
一等《いっとう》に渠《かれ》と般若を談ず
滴丁東了滴丁東《てきていとうりょうてきていとう》

通身是口掛虚空
不管東西南北風
一等与渠談般若
滴丁東了滴丁東
（『如浄録』）

ここで無情の代表とされているのは「風鈴」です。この「風鈴」を題材にした頌《じゅ》（漢詩）では、仏塔などの庇《ひさし》に掛かる風鈴を、「般若（究極の智慧《ちえ》）」の語りべとして捉《とら》えています。

頌、あるいは偈《げ》頌《じゅ》とは、韻文《いんぶん》を用いて自己の心境や教えを開示したもので、禅の説法では頻繁に用いられます。日本でも、室町時代以降に盛んになった「五山文学」は、この詩作を中心とした禅林文学《ぜんりんぶんがく》を指したものです。

規則に則った韻文ですから、基本的に、その表現は極めて簡潔です。それゆえ、解釈を確定しづらいことも多く、その他のヒントを探して解釈することになります。

ちなみにこの頌の題名は「風鈴」ですから、まず、その姿を頭に思い描く必要があります。風鈴にもいろいろなものがありますが、一般的なものは、釣鐘型です。それが簷《のき》にぶら下がっていて、それを下から見上げている、そのように状況設定をしておきましょう。

さて、一句目の「口」ですが、これは、鈴の下の開口部を表現したものです。

そこは、東西南北どの方向からの風に対しても素直に応じて「音」を奏でます。それが「般若を語っている（談般若）」とするのがこの頌の主張です。

第四句の「滴丁東了滴丁東」は擬声語で、風鈴が「チリン、チリン」と鳴る音を、漢字の音に当てたもの。般若の音ということになります。この漢字七文字を「チチンツンリャンチチンツン」と翻訳した方がおられますが、蓋《けだ》し名訳といえるでしょう。

この頌では、風鈴という「無情」の放つ音に般若を見ることを積極的に主張しています。そこにはやはり、先の問答と同様、この風鈴が、なんの作為（はからい）も持たない存在であり、だからこそ、「無心に」般若を語りうるという考え方が存在しているのです。

《解説》

前項の「無情説法」では、垣根や石ころこそが仏法を説きうるものとされていました。それゆえ洞山は「眼で聞く」こととしたのですが、ここではそれが風鈴の音色になっています。

では、なぜ「般若（究極の智慧）」を示すものの代表として「風鈴の音色」が選択されたのかということなのですが、それは、芙蓉道楷《ふようどうかい》という唐代の禅者が、「般若心経注《はんにゃしんぎょうちゅう》」（『般若心経』の注釈）で示した、次のような『般若心経』理解に基づいていると推測されています。

芙蓉が言った、（『般若心経』の）「故説般若波羅蜜多呪《こせつはんにゃはらみたしゅ》」から「菩提娑婆訶《ぼうじいそわか》」までの呪文《じゅもん》は翻訳しないのである。鈴の音のように、音はあるけれども説明ではない。これによって、菩提（悟り）が言葉による説明を離れていることを明かしているのである。

楷《かい》云く、故説般若波羅蜜多呪、乃至《ないし》、菩提娑婆訶は、呪は訳さざるものなり。鈴鐸《れいたく》の声の如く、声ありて説かず。以て菩提の言説《ごんせつ》を離るるを明かす。

楷云、故説般若波羅蜜多呪乃至菩提娑婆訶者、呪不訳者也。如鈴鐸声、有声不説。以明菩提離言説。

（『三註般若波羅蜜多心経』）

『般若心経』には、末尾にサンスクリット語の音をそのまま漢字に当てはめた偈文《げもん》があります。

ここで示した一節は、それに関する注釈となっています。

偈文は、「掲帝掲帝《ぎやあていぎやあてい》　般羅掲帝《はあらあぎやあてい》　般羅僧掲帝《はらそうぎやあてい》　菩提娑婆訶《ぼうじいそわか》」というものです。訳すと、「往けるものよ、往けるものよ、彼岸へ往けるものよ、すべての彼岸に往けるものよ、さあ菩提を得よう」というような意味なのですが、漢訳の『般若心経』では、意訳されていません。日本でも、これをそのまま唱えるのは良く知られるとおりです。

芙蓉は、なぜそうするのか、ということを、風鈴の音に喩《たと》えて説明しています。いわく、「声はするけれども、説明ではない」、それが『般若心経』の偈文を訳さない理由だというのです。つまり、真理を語る言葉は、意味を取って翻訳してしまうと、そこに要らぬ概念規定がもたらされて本質を見失うことになってしまう、だから訳さない、というのです。

ここで、その喩えとして「鈴鐸」が持ち出されたのは、身近にあって、良い音がして、さらにそれは、それを聞く人間の営為とは一切関わりのない「風」によって音を出す。このような要素を満たしているからでしょう。それにより、作為なく「真理」を奏でる無情の代表として、最適なものと判断されたためと思われます。

たしかに、風鈴は音を出してくれますから、先の「牆壁瓦礫」に較べて、「説法」としては、随分解釈しやすいようにも思えます。

このように、天童如浄《てんどうにょじょう》は「風鈴」に託して「無情の説法」を頌に詠みました。じつは、この人の弟子が道元なのです。そして道元も、この「風鈴頌」の韻を踏んで、自分でも頌を作りました。それも併せて紹介しておきましょう。

体中を口にして、虚空《こくう》に判定を下し　／　すべての風の中にその身を置きながら　どの風にも同じようにすずやかに己《おのれ》の言葉を語っている　／　チリリン　チリリン　チリリン　と

渾身《こんしん》是れ口にして虚空を判《はん》ず
東西南北の風に居起《きょき》して
一等玲瓏《れいろう》に己語《こご》を談ず
滴丁東了滴丁東

渾身是口判虚空
居起東西南北風
一等玲瓏談己語
滴丁東了滴丁東

（『永平広録』巻九「頌古」第五八則）

よく似た言葉を使っているのですが、「虚空にぶら下がる」ではなく、「判定する」とし、風とともに語るのではなく、「自分の言葉を語る（談己語）」としているなど、語りべとしての風鈴の主体性を、より前面に打ち出した内容となっています。自らの実践によってはじめて真の仏法が現れるとする、道元の思想を反映した一首といえるでしょう。

第六節　禅僧の修行

禅といえば、やはり、修行道場における集団での厳しい修道生活が思い浮かびます。この修行体系は、「普請作務《ふしんさむ》」と呼ばれる集団での共同作業を、積極的に仏道修行として定義したことに始まるもので、九世紀初頭、禅宗が宗派として独り立ちする時に成立しました。ですから、禅の修行体系の中には、インド伝来の仏教には存在しなかった、禅宗独自の考えも含まれているのです。

ここでは、そのような「修行」に対する禅僧の心境を示した逸話を、いくつか紹介していきます。

（一）働かざる者、食うべからず―普請作務の教え―

師（百丈）は、いつも修行僧達に先んじて集団作業を務めていた。僧達はそれを見かねて、あらかじめ百丈の道具を隠し、休息するようにお願いした。

百丈は、「私には徳がない、いったいどうして人に苦労をかけられよう」といって、くまなく道具を探したが見つからなかった。そこで、食事を摂《と》らなかった。こうして、「一日働かなければ、一日食事をしない」という言葉が生まれたのである。

師、凡《およ》そ作務に執労《しゅうろう》するに、必ず衆に先んず。衆、皆な忍びず、蚤《はや》くに作具を収《かく》して、之《こ》れを息《やす》まんことを請う。師云く、吾に徳無し、争合《いかで》か人を労すべき。師、既に徧《あまね》く作具を求むるに獲《え》ざれば、亦《ま》た食を忘ず。故に一日作《はたら》かざれば一日食らわずの言あり。

師凡作務執労、必先於衆。衆皆不忍、蚤収作具、而請息之。師云、吾無徳、争合労於人。師既徧求作具不獲、而亦忘食。故有一日不作、一日不食之言。
（『百丈語録』〈『四家語録』所収〉）

この問答に登場する「師」とは百丈懐海《ひやくじようえかい》で、禅宗独自の規範を作成し、それによって、禅の宗派の独立を果たした人です。じつはこの「百丈」を、曹洞宗では「ひゃくじょう」と読み、臨済宗では「はじょう」と読みます。禅宗史上大切な人だけに、意外とこだわりを持って受け入れられているのです。しかし、ここではそのような宗派意識は取り払って話を進めましょう。

その百丈は、自分の開いた大智寿聖寺《だいちじゆしようじ》において、住持として、常に修行僧の先頭に立って、畑を耕し、山仕事をしていたというのです。

百丈は、この共同作業をとても重視していましたから、老齢になっても、けっしてそれを休もうとしなかったのです。それを見かねた修行僧達は、百丈の作業道具を隠し、作業を休むようにお願いします。しかし百丈は、「私には人さまの労役によって養われるような徳はない」

と言って休もうとはしません。とはいえ、いくら探しても自分の道具が見つからないので、その日は皆と一緒に作業をすることができませんでした。

修行僧達は、さぞ安心したと思います。しかし、その気持ちとは裏腹に、百丈は、作業に加われなかった自分には食事を摂る資格がないと、その日は一日、食事を口にしなかったというのです。百丈自身が、自分の定めた規則に則《のっと》って、身を以《もっ》て日常の作業の重要性を示したのでした。

この時に、「一日作《はたら》かざれば、一日食らわず」という言葉が生まれ、その後の禅林に語り継がれるようになりました。まさしく、表題に示した「働かざる者、食うべからず」の教えです。百丈山は、痩《や》せた土地にあり、百丈在世当時は、皆が必死で畑を耕して、やっとその日その日の糧を得られる状態だったといわれます。これが、この逸話を育《はぐく》んだ背景ではあったのですが、しかし、百丈のこの行為は、まさしく、禅僧の修行に対する基本姿勢として、後世に語り継がれることになるのです。

《解説》

「叢林《そうりん》」と呼ばれる禅の修行道場では、坐禅《ざぜん》や説法だけでなく、修行僧全体で行う共同作業を、仏道修行の一環として非常に重視します。この共同作業が「普請作務《ふしんさむ》」です。僧侶《そうりょ》の作業着を「作務衣《さむえ》」と呼ぶのは、ここから来ています。

そして、この伝統を確立したとされるのが、この逸話に出てくる百丈懐海です。

百丈は、これまで何度も登場した馬祖道一《ばそどういつ》の弟子で、禅宗独自の修行規範と伽藍《がらん》配置を確立することによって、宗派としての独立を果たした人とされます。この規範を「清規《しんぎ》」といいます。「清浄《しょうじょう》大海衆の規範（清らかな修行僧達の規則）」を省略したものです。百丈の作成した「清規」は、その名を取って『百丈清規《ひゃくじょうしんぎ》』と呼ばれます。

百丈当時の黎明《れいめい》期の禅宗寺院は、この『百丈清規』の下、修行僧が共同で畑を耕し、山仕事をすることによって維持されていたようです。まさに、自給自足の生活が営まれていたのです。

ただし、残念なことに、この『百丈清規』は、かなり早い段階で散逸し、その姿を見ることはできなくなっています。今では、その一部とされる内容が、『禅苑清規《ぜんねんしんぎ》』と『景徳伝燈録《けいとくでんとうろく》』の中に遺《のこ》されているに過ぎません。

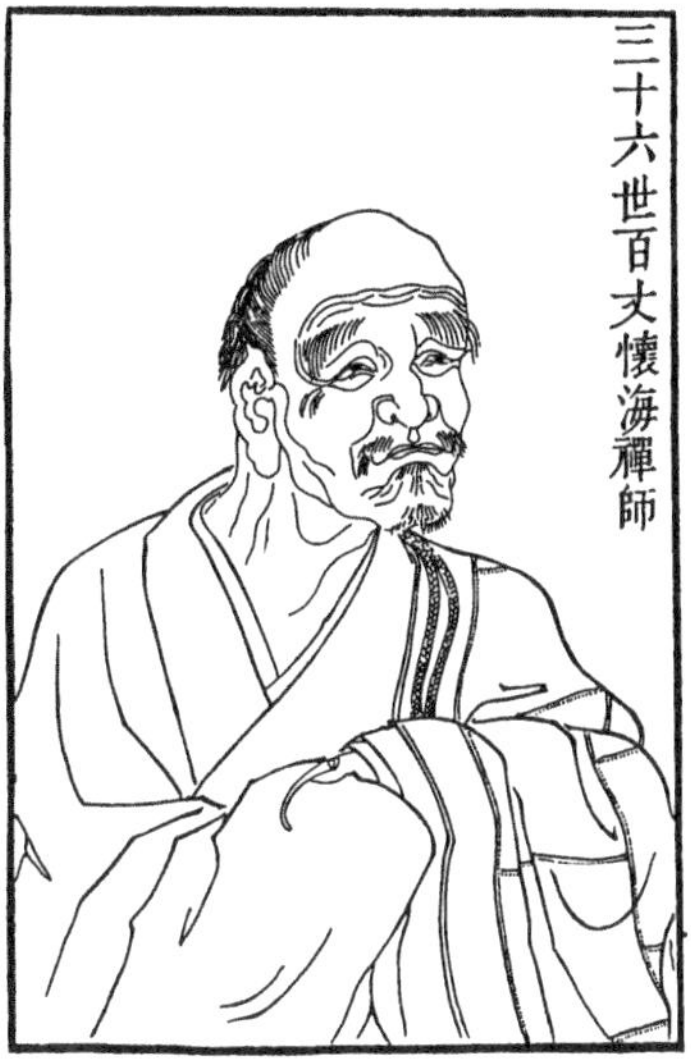

百丈禅師（『仏祖道影』）

じつは、このように原本が見つからないことと、他のいくつかの状況から、欧米の研究者の間では、この『百丈清規』は架空の存在だとされています。そして禅宗の独立も、彼の活躍した九世紀初頭ではなく、十一世紀末にまで下るというのです。日本の禅宗史研究においても、明文化された清規が百丈の時代に存在したか否かについては疑問視する声もあるのですが、それでも、まだ百丈の位置は揺るぎないものなので、欧米と日本で、禅宗の成立時期を巡る定説が、大きく食い違っているのです。このどちらが正しいのか、その決着は、今後の分析や、新資料の発見を待たなければならないのですが、これは禅宗史を考えていく上で基礎となる事項ですから、海の向こうとこちらで食い違っているというのは、じつは困ったことでもあるのです。

本題に戻りましょう。このように、仏道修行に共同作業（普請作務）を取り入れることは、インドから伝来した仏教の戒律観を大きく転換するものでした。元来、僧侶は、自ら生産活動を行って食料を得ることは禁止されているのです。これは、いまでも上座部仏教では遵守されていることです。

しかし、百丈以降の禅林では、耕作を行い、それによって生きる糧を得ることが積極的に行われてきました。これを「耕而食《こうにじき》（耕して食べる）」といいますが、禅林に広く行われていることの規定は、仏教の戒律の伝統からは大きく逸脱しているのです。

百丈が、そのような規則を作り上げたのは、師である馬祖道一の教えを、道場における修行として体系化することであったといえます。

馬祖の言う、日常的な営為のすべてを仏道修行と見る考え方は、それが呈示された時点で、すでに大きな仏教改革運動だったといえます。ですから、それを修行規範の中に取り入れようとすれば、当然そこに、従来の枠組みにとらわれない大きな改革が必要となったということになるのではないでしょうか。

一般に、禅の修行は、古くからある伝統や格式を重んじるものとして捉《とら》えられがちですが、その黎明期には、むしろ逆に、形にとらわれず、種々の教えを柔軟に受け入れながら作り上げられていったものだったといえます。

この考え方は、その後も受け継がれて、日本へと伝わりました。現在でも行われている禅林修行は、このように、中国で新たに成立した修行観と、インドから伝わった伝統的な出家修道生活の、両方の性格を併せ持ったものなのです。

（二）塩と味噌《みそ》だけは欠かしたことがない

南嶽懐譲《なんがくえじょう》は、弟子の馬祖道一《ばそどういつ》が、江西《こうぜい》において教化を始めたという噂を聞いて、弟子達に訊ねた、「道一は、修行者のために法を説いているかね。」

弟子達は、「すでに法を説かれております」と答えた。

それを聞いて懐譲が言った、「まだ誰もその様子を私に伝えて来ていない。」

そこで、一人の僧を馬祖のところに遣わして、彼が上堂《じょうどう》説法する時に、ただ「どうですか」とだけ質問し、馬祖が答えたら、それを憶《おぼ》えて報告するように命じた。

その僧は、言われたとおりに江西に往き、馬祖に質問した。

馬祖はそれに対して、「いいかげんにはじめてから三十年、塩と味噌にはこと欠いたことがない」と答えた。

　僧は、戻ってきて懐譲に示した。懐譲はそれを認めた。


譲和尚、師の、化《け》を江西に闡《ひら》くを聞きて、衆《しゅ》に問うて曰《いわ》く、道一、衆の為《ため》に説法すや。

衆曰く、已《すで》に衆の為に説法す。

譲曰く、総て未だ人の箇の消息を持ち来たるを見ず。

遂《かく》て一僧を遣わして、彼《かしこ》に往き、伊《かれ》が上堂の時を俟《ま》ちて但た作《そ》麼《も》生《さん》と問わしめ、渠《かれ》の語有るを待ちて記《き》取《しゅ》し来たらしむ。

僧、教えに依って往きて之《こ》れに問う。

師曰く、胡乱《うろん》にして自従《よ》り後《のち》三十年、鹽《しお》と醤《みそ》を少《か》かず。

僧、回《かえ》りて譲に挙似《こじ》す。譲、之れを然りとす。


譲和尚聞師闡化江西、問衆曰、道一為衆説法否。

衆曰、已為衆説法。

譲曰、総未見人持箇消息来。

遂遣一僧往彼、俟伊上堂時、但問作麼生、待渠有語記取来。

僧依教往問之。

師曰、自従胡乱後三十年、不少鹽醤。

僧回、挙似譲。譲然之。（『馬祖語録』）

　この問答は、南嶽懐譲とその弟子の馬祖道一との間に交わされたものです。馬祖は、「一日不作、一日不食」の百丈懐海の師匠です。弟子の百丈は、修行道場における共同作業の必要性を、非常にストイックに表現しましたが、それに較べて、師の馬祖の表現は、とてもゆったりとしていて、まったく「力み」を感じさせないものとなっています。

この問答では、馬祖はすでに師匠の南嶽の下から離れ、独り立ちをしています。それでもなお、弟子を気遣って「どんな説法をしているのか」と、門下の修行僧に訊ねるのです。禅の修行僧は、行脚をしながら、多くの修行道場を経巡ります。これを「遍参《へんざん》」といいます。ですから、彼らはいろいろな道場の情報を持っているのです。そこで、皆が「説法されています」と答えました。

南嶽は、どんな様子なのか、まったく知らせを聞いていなかったので、一人の僧を遣わして、馬祖がしっかりと弟子の指導ができているかどうかを確かめるのです。

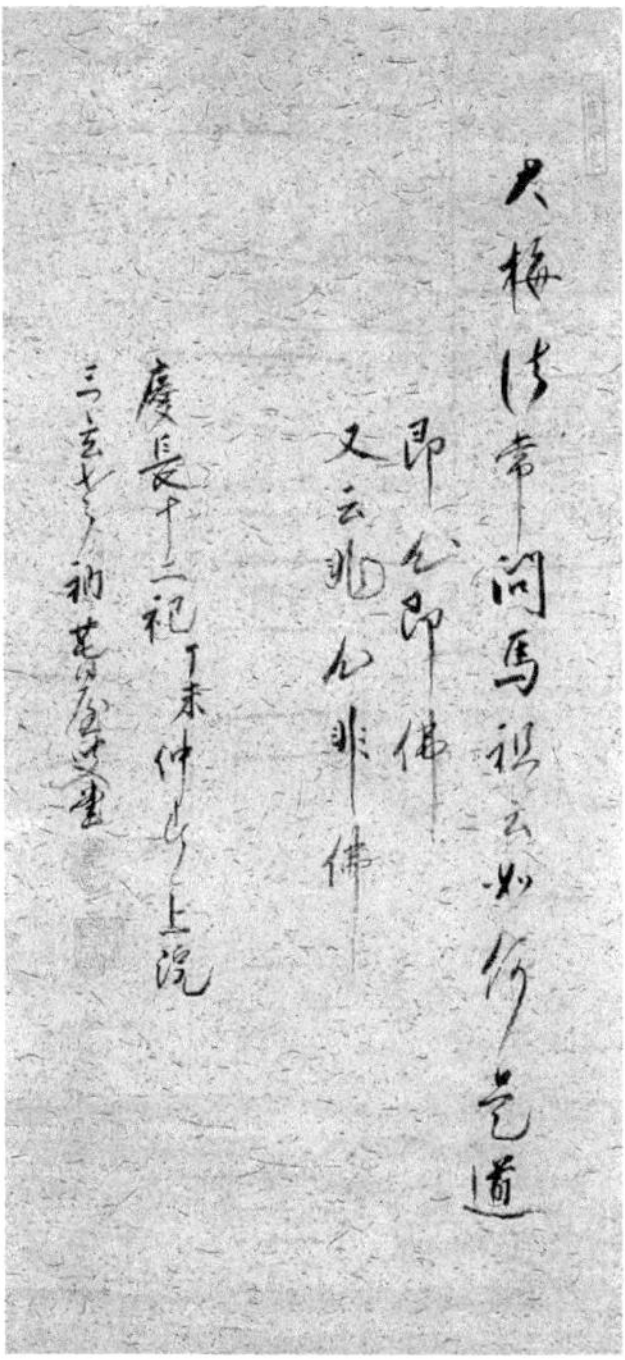

春屋宗園筆『馬祖即心即仏話』(馬祖とその弟子大梅法常との問答。大梅の「道とは何か」という問に対して馬祖はあるときは「即心即仏」と答え、あるときには「非心非仏」と答えた)。

このような指導方法については、すでに「即心是仏」のところで触れました。あちらは、馬祖と、その弟子の大梅との間の出来事でしたが、じつは馬祖自身も、この問答に見えるように、師匠の南嶽に、同じように、本当に独り立ちできているかどうかを確かめられた経験があったのです。

さて、ここで南嶽が僧に命じたのは、ただ「どうですか」と、馬祖の消息を問いかけることだけでした。

それを忠実に実行した僧に対する馬祖の答えは、「いいかげんにはやってきたが、塩と味噌には困らなかった」というものでした。捉えようによっては、まったく気力のない、おざなりな答えに聞こえます。

しかし、戻ってきた僧からその答えを聞いた懐譲は、馬祖の営みを認めたというのです。それは、この答えによって、馬祖が、なんの気負いも衒《てら》いもなく自分の修行道場を営んでいることが理解できたからなのです。

《解説》

この問答のポイントは、やはり馬祖の答えにあります。

原文にある「胡乱」とは、「いいかげんに、でたらめに」の意味です。「こらん」と読まずに、唐音で「うろん」と読むのが慣わしになっています。

馬祖は、すでに修行道場を構えて、しっかりと禅の修道生活を行っていたのです。しかしそれがなぜ「いいかげん」で、「塩と味噌には困らない」生活なのでしょうか。またさらに、その「いいかげん」に三十年も生活してきた、という答えを、なぜ懐譲は認めたのでしょうか。

そこに、禅の修道生活と自己規程との関わりが示されているのです。自分自身がどのような存在で、どのように生活すべきか、それが明確に確立されていれば、そこに展開される生活は、たとえそれが、傍目《はため》にどれほど厳しい生活であっても、実践している本人には、「自分のありのままを表現すること」に他ならず、一切の「力み」のない「普通の暮らし」となるということです。

馬祖は、自らの道場を開いて、何の無理もなく今までと同じように自分なりの暮らしができていることを、「いいかげんな生活」と表現したと考えられます。「塩と味噌」は、どこの家庭にもある、食事の味付けに使う調味料です。ですから、それにこと欠かないことなど、ことさらすばらしいことではありません。馬祖は、あえてそれを持ち出すことで、自分自身が、けっして、他の人の持たない何かを使用して人々を導いているのではないことを示したのです。そして懐譲も、それを察知し、馬祖の営みを全面的に肯《うべな》ったのです。

このように、確立された自己を最大限に評価しながら、それを特別視せず、自分の一挙手一投足として示していく、それが禅の生活であり、修行の基本であるとするのが、この問答の主眼だったといえるでしょう。

ちなみに、このようにして「普通」の生活全体を自らの表現として強調するのが、馬祖門下の特徴であり、それゆえに「雑貨屋さん（雑貨鋪）の禅」と呼ばれることは、すでに触れたところです。

ただ、「いいかげん」とか「塩と味噌だけ」という言葉を、文字面だけで判断すると、それは、一切の積極的な行動を否定し、安易で怠惰な生活を是認することになる恐れがあります。それを恐れるが故に、生活全般を、「清規」という禅宗独自の規範をもってストイックに規定していこうとしたのが、前項で紹介した百丈懐海だったといえます。

いま、日本においても行われている禅の修行道場における生活は、このような、日常生活全体を「修行」として規定する考え方を基礎として確立されたものなのです。

語ることと実践の関係

一般に、「百聞は一見に如《し》かず」といえば、耳で聞き知った知識よりも、自らの眼で確かめることの重要性を説いたものですが、これは、実践修行を中心に据えた禅の主張に通じるものがあります。

唐代九世紀の禅者、大慈寰中《だいじかんちゅう》（七八〇〜八六二）は、「一丈《いちじょう》分を説くことは、一尺《いっしゃく》分の実践に及ばない。一尺を説くことは、一寸の実践にすら及ばない（一丈を説得するは、一尺を行得するに如かず。一尺を説得するは、一寸を行得するに如かず）」という言葉でこれを表現しました。実地に行う行為は、解説の十倍の利があるという、まさに「百聞は一見に如かず」の論理です。

これはこれで、禅思想にあっては揺るがしがたい基本理念といえますが、いままで見てきたように、秀でた禅僧達は、その「定理」に安住することを嫌い、この大慈の言葉に、さらに自分なりの概念を上乗せしていきました。

たとえば、洞山良价《とうざんりようかい》（八〇七～六九）は、「説くことのできないものを実践し、実践できないものを説くのだ（説き得ざる底《もの》を行取し、行じ得ざる底を説取す）」と述べました。つまり、説くことと実践することは、相互補完関係にあるというのです。

さらに雲居道膺《うんごどうよう》（？～九〇二）は、「実践している時には説法がなく、説く時には実践がなくなる。説きもせず実践もしない時に、どのような方法があるというのか（行ずる時には説く路なく、説く時には行ずる路なし。不説不行のとき、合た什麽《はなん》の路をか行ず）」と、それぞれが表裏の関係にあるとして、両者の意義を最大限に評価しました。

最後に、四人目の洛浦元安《らくほげんあん》（八三四～九八）は、「実践と説法が不十分だと、この話（本事）が出てくる、実践と説法が完成したら、この話などいらない」と、行だ説だとあれこれ議論すること自体を、「説と行への理解が不十分だからだ」として、この問題設定自体に疑問を投げかけています。このような分析的な議論を、禅的でないものと感じていたのでしょう。

以上のように、唐代の四人の禅者が、同じ話題について、それぞれに意見を述べているのですが、日本の道元（一二〇〇～五三）にも、これらに関してのコメントが存在しています。それは、「縦横無尽に説くことは、綿密ですばらしい実践と同じである。すばらしい修行は、縦横無尽に説くことと同じである」というものです。基本的には「実践」を重視する禅僧が、それを説くことをどのように捉えているかが対比的にうかがえて、とても興味深い内容となっています。

それぞれが勝手に意見を述べていてまとまりはない、といってしまえばそれまでですが、大慈の問題提起を受けながらも、様々な形式で、「行」と「説」と、どちらにも一定の価値を認めようとする方向であることは共通しているといえるのではないでしょうか。

じつは、これらの言葉は、同じ場所で語られたものではありません。つまり面と向かっての問答ではないのです。発言者それぞれの生没年を見ればそれは明らかなとおり、これらのコメントは、大慈の発言が記録され、その記録をもとに後の禅者たちによって付加されていったものなのです。

禅の公案は、このように時代とともに「成長」していくものでもあるのです。

（三）土地神《どじじん》の接待―修行の目的―

南泉普願《なんせんふがん》が、ある日、お寺の荘園へ出かけると、荘主《しょうしゅ》（荘園の管理人）が、すでに出迎えの準備をして待っていた。

　南泉が不思議に思って訊ねた、「老僧《わたし》は、いつも出かける時は誰にも知られたことがない。それなのに、どうしてこのように事前に準備しておくことができたのかね。」

　荘主は答えた、「昨晩、土地神（土地の守護神）が教えてくれました。」

　それを聞いた南泉は、「王老師《わたし》に修行の力がないがために、鬼神に見透かされてしまった。」と嘆いた。


師（南泉普願）、一日、荘《しょう》に下るに、荘主《しょうしゅ》、預《あらかじ》め備えて迎奉す。

師云く、「老僧《ろうそう》、居常《よのつね》、出入《しゅつにゅう》するに、曾《かつ》て人に知られず。何ぞ預め弁《そな》うること此《かく》の如くなるを得る。」

主云く、「昨夜、土地神、報ぜり。」

師云く、「王老師《おうろうし》、修行に力なくして、鬼神に覰見《しょけん》せらる。」


師一日下荘。荘主預備迎奉。

師云、老僧居常出入、不曾与人知。何得預弁如此。

主云、昨夜土地神報。

師云、王老師修行無力、被鬼神覰見。

（『聯燈会要』巻四「南泉普願」章）


　この問答は、禅の修行によって何を求め、何が得られるのか、ということについて触れられています。登場するのは、南泉普願（七四八～八三四）と、お寺の荘園の管理人（荘主）、そして土地神です。

ある日、南泉は一人で寺を出て荘園へと向かいました。お寺が荘園を持っているというと、少し奇異に感じられるかもしれません。しかし、中国だけでなく日本でも、明治時代以前は、お寺は、豪族などから寄進された土地を所有し、人を雇って田畑を営んでいたのです。その荘園の管理人が「荘主」です。その土地は、寺院の周辺だけでなく、少し離れた地域にも存在しており、寺院の住職や事務管理者は、ときおりお寺を出て荘園へと出向くことがありました。この問答は、南泉が、そのように荘園へと出かけていった時の逸話です。

南泉は、大仰なことを避ける気持ちがあったのでしょう、弟子の誰にも知らせずに出立したのですが、荘園に着いてみると、荘主は、しっかりと南泉を迎える準備を調えて待っていました。当然、南泉が不思議に思って、「どうして私が来るのが分かったのか」と訊ねると、荘主は「昨日の晩、土地神さまがやってきて、『明日、和尚さんが来られる』と教えてくれた」というのです。

この、「土地神」とは、その土地その土地を守護する神様のことです。諸もろの神の中でも最も格下で卑近な存在とされています。

ちなみに、「土地神」は、「どじじん」とすべて濁点を付けて読むのが慣わしです。お寺の伽《が》藍《らん》を守る、という意味で「護伽藍神」とも呼びますが、これも「ごがらんじん」と、すべて濁音です。理由は解りませんが、少し興味深い読み方なのでご紹介しておきます。

問答に戻りましょう。結局のところ、荘主が南泉を迎える準備をすることができたのは、寺の守り神が、ご住職の南泉が出かけることを察知し、気を利かせて出先に告げておいてくれたからだったのです。

これぞまさに南泉の人徳のなせるワザ、と周囲の人々は讃《たた》えたことでしょう。しかし、南泉自身はさにあらず、「まだまだ修行が足りないから、土地神などに見透かされてしまうのだ」と、自らの不徳を恥じたというのです。

この発言の時、南泉は自分のことを「王老師」と呼んでいます。これは、南泉が自称としてよく用いた表現です。「王」は南泉の俗姓です。つまり、「王老師」とは、「王さん家《ち》から出た偉いお坊さん」といった意味となります。じつは、このように、自分を出家前の名前で呼ぶところに、南泉の人柄が現れているのですが、それについては、解説で触れてみたいと思います。

また話が横道に逸《そ》れました。とにかく南泉は、土地神から気配りされたことを、自らの修行不足と嘆きました。このメンタリティこそが、禅修行の方向性の一つを示しているといえます。

つまり、禅の修行は、その結果として他人に高く評価されることを目指して行うものではないということです。それは、世俗的な地位や名誉などとは無縁であるのはもちろんのこと、精神性からも、他人と比較して自分が高みにのぼるものではないということなのです。そしてさらに、高めた境涯を、自分だけで享受することなく、多くの人に還元していかねばならないのです。このように言うと、いくら一生懸命修行しても、まったく自分のためにならないように感じられますが、そのような損得勘定で行う修行は、禅、あるいは仏教一般でも、修行とはいえないのです。

ですから、他人様《ひとさま》から、「すごいですね」などと言われているうちは、まだ、その修行生活が自分自身のものになっていない、自分自身のどこかに「すごいことをしている」という自慢があるから、それが外に現れてしまっているのです。

それが、自分自身にとって、完全な「普段着」となれば、何も意識されなくなります。それこそが、普通に自分を表現することになるのです。前段の馬祖に言わせれば「ありきたりの生活」です。

このような考え方を持っていたからこそ南泉は、土地神に自分の思いを知られ、そしてサービスをされたことを、「自分のいたらなさ」と嘆いたのです。けっして誉められる必要はない、いや、さらに一歩進んで、誉められてはいけない、南泉は、そのような気持ちで修行していたということなのです。

《解説》

仏教の修行は、いったい何のためにするのか、その一端を示しているのがこの問答です。修行の目的を一言でいえば、それは基本的に「自己を高めるため」なのですが、それは、他者と比較して「群を抜く」ことではありません。他者との比較は、単なる相対関係の把握にしか過ぎず、自分自身を真に見つめることにはならないからです。あくまでもありのままの自己を見つめ、表現してゆく、それが禅の修行といえます。

いかに傍目には厳しい修行であっても、それを自分の普段着とすることによって、「日々の自己の生業《なりわい》」そのものとしてゆく、それが禅修行の究極のあり方とされていることは再三にわたって触れてきたところです。

他から抜きんでた、何か特別なこと、すばらしいことをしている、という意識は、ほとんどの場合、自己顕示欲や特権意識を導くのみで、人格の完成には障害となるばかりです。それゆえ、禅者達は、ことさらに自らを抑え、それによって他者との関連を築いていこうとしました。

ここに出てくる南泉は、特にそれを強調した人で、その宗風は「異類中行《いるいちゆうぎよう》」と呼ばれます。「異類」とは、「畜生」の類《たぐい》。「仏」や「菩薩《ぼさつ》」といった、すばらしい存在とはかけ離れた者たちです。そのような、人から疎んじられるような存在と、あえて生涯を共にする、南泉は、そこにこそ、自己の真のあり方が示されると考えました。

人から誉められることも期待せず、自らを誇ることもなく、ただ、周囲にある諸もろの存在と調和しながら生きる、それこそが〝本当の自分〟のあり方だというのです。先に、南泉が自分のことを出家前の姓で呼んでいたことを紹介しましたが、この衒《てら》いのなさは、まさしくこの生き方から来たものといえるでしょう。

このような禅者の態度を見るに付け、いつも思い起こされるのが、宮沢賢治の「雨ニモマケズ」の結びの一節です。

そこには次のようにあります。

ミンナニデクノボートヨバレ
ホメラレモセズ／クニモサレズ
サウイフモノニ／ワタシハナリタイ

もちろん宮沢賢治は禅者ではありません。しかし仏教に帰依し、質素な生活を旨としていました。そこに生まれてきた「誉められもせず、苦にもされない存在を目指す」という心境は、この禅問答の語るところと相通じるように、私には思えてならないのです。

このような考え方は、仏教全体に通じるものですが、その中でも、とりわけ禅はこのような特権意識を排除し、地に足の着いた生活を強調します。ですから、この南泉の逸話に類する問答は、中国の禅者には、いくつも残されています。

（四）喉《のど》の渇きを察したのは誰か

百丈懐海が、ある夜、とても喉が渇いて目が覚めてしまいました。侍者《じしゃ》（身の回りの世話をする僧）はぐっすりと寝ていたので起こすに忍びありませんでした。

すると間もなく、誰かが戸を叩《たた》いて侍者を呼んで言いました、「和尚さんがお湯を飲みたがっておられますよ。」

そこで侍者は、すぐに起きて湯を沸かし、百丈のところへ持っていきました。

百丈は驚いて聞きます、「誰があなたに湯を沸かして持ってこさせたのかね。」

侍者が、事情を具《つぶ》さに述べたところ、百丈は指を弾《はじ》いて（悔しそうに）、「私は、まだまだ修行ができておらん。もし修行ができていたら、人にも鬼神にも見透かされることはないものを」と嘆いたのでした。

師、ある一日、夜深に睡《ねむ》る次《お》り、忽然《こつねん》として便《すなわ》ち覚め、湯を吃《きっ》せんと欲《おも》う。然《しか》れども、侍者亦《ま》是た睡《ねむ》り、喚《よ》び得ず。

久しからざるの間、ある人、門を敲《たた》き、侍者を喚《よ》んで云く、和尚、湯を吃せんと要《ほっ》す、と。

侍者、便ち起き、湯を煎《た》て、和尚の処に来たる。

和尚、便ち惊《おどろ》きて問う、阿誰《たれ》か你《なんじ》をして与摩《よも》に湯を煎て来たらしむや、と。

侍者、前事を具《つぶ》さに陳《の》ぶ。師、便ち弾指《たんじ》して云く、「老僧、終に修行をする解《あた》わず。若し是れ解《よ》く修行す

師、有一日夜深睡次、忽然便覚、欲得吃湯。然侍者亦是睡。喚不得。

非久之間、有人敲門、喚侍者云、和尚要吃湯。

侍者便起、煎湯来和尚処。

和尚便惊問、阿誰教你与摩煎湯来。

侍者具陳前事。師便弾指云、老僧終不解修行。若是解修行人、人不覚、鬼不

る人ならば、人も覚えず、鬼も知らざるなり。」　――知。（『祖堂集』巻一四「百丈」章）

これは、南泉の兄弟弟子の百丈懐海《ひやくじようえかい》の逸話です。

百丈懐海が、夜中に喉が渇いて起きてしまったというのです。湯を飲みたいのですが、ぐっすり眠っている付き人（侍者）を起こすには忍びない、我慢していた時に、土地神がその気持ちを察知して、戸を叩いて付き人を起こしてくれたというのです。

この一連の展開は、先の南泉の場合と同じです。そして、それを知った百丈の対応も同じでした。

それを知った百丈は、南泉と同じように、湯を飲むことができた喜びよりも、むしろ湯を求めている心を見透かされたことを、自分の修行不足と嘆いたというのです。

《解説》

このように、多くの禅者が、気配りを受けることを、「修行の未熟さ」と捉えています。立派な人であればあるほど、多くの人に知られ、賛嘆されると考えるのが普通ですが、それを心底から嘆く。それは、禅の「自己完成」が、極楽や彼岸に行く特別な能力を身につけることではなく、あくまでも現実の、いまここにある自己を明確に把握することだからです。どれほどの「完成」があったとしても、そこには一切特別視されるような状況はあり得ない、それが禅の考え方なのです。

百丈や南泉は、寺院の住持として、ある程度修行の出来上がった人々です。それゆえことさらに、心を見透かされたことを悔やんでいるのですが、その心境の起点を示した逸話がありま す。

牛頭法融《ごずほうゆう》という禅者が、牛頭山幽棲《ゆうせい》寺北側の岩窟《がんくつ》で修行をしていると、それを讃えるために、鳥が花を銜《くわ》えて捧《ささ》げに来たといいます。人々は珍しくもすばらしいことと讃えたのですが、彼が禅宗の第四祖道信《どうしん》和尚に出会って、真の修行に目覚めた後は、同じ修行をしていても、鳥たちはまったくやって来なくなったというのです。

牛頭法融は、達磨《だるま》から数えて四代目の道信の弟子で、今に伝わる禅とは少し違った、牛頭宗という傍系の流派を創設した人です。ここで紹介したのは、その人が、「禅の修行」に目覚めたときの逸話です。

ここにもやはり、「特別視」の否定があります。はじめ、法融が修行していると、鳥たちがその姿を尊んで花を捧げに来た。しかし、「禅」を学んだ後は一羽も来なくなりました。それはどうしてでしょう。牛頭法融が、特別な〝チカラ〟を得て、鳥たちの目に見えない存在となったという解釈も成り立ちますが、それは「禅的」ではありません。むしろ、牛頭法融自身が、禅を学ぶことによって、修行を「特別なこと」と考えなくなったため、鳥たちもそれを讃えなくなったと解釈すべきでしょう。

思うに、最初に岩穴で禅定《ぜんじょう》に入っていた法融には、「人にできないことをしている」という意識があり、それが外にあふれ出していた、そこで、それを察知した鳥たちが、花を捧げに来たということなのです。しかし、道信から、禅修行の何たるかを学んだ後は、そのような特別意識が一切なくなり、修行が、当然でありふれたものとなったため、鳥たちも、花を捧げなくなったということになります。まさしく、「ホメラレモセズ、クニモサレズ」の世界がここにあるように思えます。

しかし、どれほど一生懸命に修行しても、誰からも振り向いてもらえないというのは少し寂しい気もします。そこまでストイックに〝自己〟を見つめる必要があるのか、とも思えます。でも、一般社会でも、自分の名誉や利益だけを求めて行動する人よりも、見返りを求めない人が「人格者」として高く評価される傾向があることを考えれば、このような「高潔さ」の基準も、さして特別なことではないということになるのではないでしょうか。

禅の修行は、一見、徹底的な個人主義であるような印象を受けますが、このような見方をすると、むしろ、自分自身を周囲に徹底的にとけ込ませ、調和させることを、その究極の目標としているとも考えられるのです。

第七節　百年後を問う

禅籍の中に、師匠に「百年後」のことを訊《たず》ねる問答をいくつか見つけることができます。この問いかけは、文字通りに一世紀後の未来について訊ねたものではありません。「百年後」とは、中国語で「死後」を意味しています。「死」ということをはばかった婉曲《えんきょく》表現なのです。つまり「百年後」を問うということは、質問を投げかける相手に、亡くなった後のことを訊ねていることになるのです。

この節では、いにしえの禅匠たちが、自らの死をどのように受け止め、その問いかけに答えていたのかを見てみたいと思います。

（一）継ぎ目のない墓石

①慧忠《えちゅう》国師と粛宗の対話──慧忠無縫塔《むほうとう》──

粛宗《しゅくそう》皇帝が慧忠国師に質問した、「和尚さまは、お亡くなりになった（百年）後、どんな物をご所望ですか。」

国師が答えた、「檀越《だんのつ》よ、私のために無縫塔（継ぎ目のない石の墓）を造ってくだされ。」

帝がさらに訊ねた、「師よ、どのような形がよろしいかお教えください。」

国師は、しばらくの間、何も言わずに黙っていた。そして「お解りですかな」と言った。

帝は言った、「解りません。」

国師が言った、「わしの弟子に耽源応真《たんげんおうしん》という者がいる。このことをよく解っておるので、呼び出して彼にお訊ねくだされ。」

唐の粛宗帝、忠国師に問う、「和尚、百年《みまかり》し後、須《もと》むる所は何物ぞ。」

師（慧忠）云く、「檀越、貧道《ひんどう》の与《ため》に箇の無縫塔を造れ。」

帝云く、「師に塔様《とうよう》を請う。」

師、良久して云く、「会《え》すや。」

帝云く、「会せず。」

師云く、「貧道に付法の弟子耽源あり、此の事を諳《そら》んず。詔して之《これ》に問わんことを請う。」

唐粛宗帝問忠国師、和尚百年後所須何物。

師云、檀越与貧道造箇無縫塔。

帝云、請師塔様。

師良久云、会麼。

帝云、不会。

師云、貧道有付法弟子耽源却諳此事、請詔問之。

（『禅林類聚』巻一）

唐の粛宗皇帝が、慧忠国師に、「亡くなった後に何が欲しいか」と尋ねました。この節の冒頭でも触れたように、原文の「百年後」は、「死後」の婉曲表現ですから、最近の書き下しでは右のように「みまかりしのち」などとふりがなを振ることがあります。

死んだ後ですから、当然それは自分の欲しいものではなく、没後にどのような供養をしてもらいたいか、という意味の質問になります。

そこで慧忠は、自らの墓を建ててくれるように頼むのですが、それはありきたりの墓ではありませんでした。慧忠は「無縫塔」を要求したのです。これは、まったく継ぎ目や隙間のない無相の墓のことです。

ただ、現代では、この「無縫塔」を、「カドのない墓石」の意味に解釈することもあります。一般に禅僧の墓石は、角形ではなく、卵のような丸い形状をしています。これを「無縫塔」と呼ぶことがあるのです。あるいは、その形状を取って「卵塔《らんとう》」とも呼びます。お寺の墓地などの、一番奥まった部分などに固まってあることが多いのですが、それは、そのお寺の歴代のご住職の墓所です。

話を戻しましょう。もちろん慧忠の要求したのは、そのような卵形の墓石ではなく、もっと象徴的な精神性、一切の細工を施すことを拒む「本質」を意味したものと解釈されます。

強いて墓石にこだわって訳せば「細工なしの墓石」とでもいうことになるでしょう。しかし、まったく細工を施さないで墓石を造ることはできません。ですから、これはむしろ「これを造ってくれ」という依頼ではなく、「何もしてくれなくてよい」という気持ちをもって、自分自身の本質を表現したものなのです。

しかし訊ねた粛宗は、そのような深い意味を知ることもなく、「どのような形がよろしかろう」と、その「無縫塔」の規模について無邪気に質問を続けます。問者と答者がまったく嚙《か》み合っていないのです。

この問いかけに対して、慧忠はしばらく何も言葉を発しませんでした。そしてやおら、「お解りですか」と、問いかけます。

これは、何も言わないことで何かを示すという、すでに何度も出てきた禅問答特有の表現方法です。しかし、粛宗は、そこまで思い及ぶことなく、「解りません」と答えるしかありませんでした。

この、〝しばらくの無言〟の意味ですが、それを理解するために、その場の状況を思い浮かべてみましょう。その時慧忠は、じっと相手を見つめ、粛宗も、そんな慧忠から眼をそらすことなく言葉を待っている、そんな姿が思い浮かびます。この状況から、慧忠が無言で示そうとしたのは、目の前にいる自分自身の「姿」だったと解釈できます。

もちろん、粛宗はこのような慧忠の意図をくみ取ることができませんから、「解りません」と答えるしかなかったのです。

しかし慧忠は、具体的にそれを説明しようとはしません。基本的に、禅問答において、自分の行為を多くの言葉を用いて説き示すことを嫌う傾向にあることは、すでに指摘してきたところです。慧忠もその慣例に従って、多くを語ることはしませんでした。ただ、帝位にあって仏道の修行などできるはずのない粛宗に、他の修行僧のように自分自身での〝気づき〟を要求するのは酷だと思ったのでしょうか、「解らなかったら私の弟子に聞いてくれ」と助け船を出し、粛宗との問答を終えたのでした。

《解説》

慧忠の問答は、すでにいくつか紹介していますが、その多くが、慧忠のことを「国師」と呼んでいます。これは禅僧には珍しいことなのですが、それは、彼が唐の粛宗・代宗に重んじられ、宮廷に昇って説法したことに由来します。他に、彼が南陽の白崖山《はくがいさん》に住していたことから「南陽慧忠」とも呼ばれます。

その慧忠国師の「無縫塔」の話は、「百年後」に関する問答の中でも、最も良く知られているものです。

慧忠を重用していた粛宗が、彼の没後のことを切り出したのは、常に心の師としてあった慧忠に、亡くなった後のモニュメントの建設か、あるいは供養の法会の開催でも考えていたものと思われます。

「亡くなった後に必要なのは、やはり墓である」、という答えは、表面的にはごくありきたりのものです。ただしその墓石の形状は、通常の概念を超えたものでした。

ところで、慧忠は答える時に、粛宗に対して「檀越《だんのつ》」と呼びかけています。いまの日本で

「檀越」あるいは「檀家《だんか》」というと、そのお寺に墓所を所有している人々一般を指しますが、これは、江戸時代に寺請《てらうけ》制度（檀家制度）が導入されて以降の形式で、それ以前は、寺院の伽《が》藍《らん》建立や、その後の維持に深く関わった、ある特定の人々を指すものでした。ここでも、慧忠は、仏教に帰依し、その興隆に財源を投じていたことに基づいて、「檀越」と呼びかけているのです。

この「檀越」に対する「無縫塔を造っていただきたい」という要求は、すでに触れたように、精神的に、まったく隙のない高い状況を象徴的に示したものなのですが、粛宗は現実的に墓を建ててもらいたいという要求だと思い込み、その規模を問い返してしまいました。慧忠の意図としては、本当は何もしてくれなくてよかったのです。

この後に続く「百年後」の問答にしても、禅僧たちは、自分が、没後にどのような影響を残すかということには、おおむね無頓着《むとんちゃく》です。自分がそこにいたという大げさな跡形を残すことを嫌うのです。中国の英雄、王彦章《おうげんしょう》が「人は死して名を留《とど》む」（『五代史記』）といって刑死したという故事はよく知られるところですが、ここに見える慧忠の立場は、それどころか、弟子に正しい教えさえ伝えられれば、名前すら残らなくてよい、そのような考え方が強く前面に出されたものとなっています。名を残すことによって、自分自身のイメージが、死んだ後に理想化され、本来の自分とはかけ離れたものとなってしまうことを拒んだのです。

このように、「百年後」を訊ねる問答では、訊ねられた本人は、まったく先のことなど意識しません。むしろ、そこに何らかの期待をすることを嫌い、自分のいた痕跡《こんせき》すらなくそうという方向へと意識が向かいます。これを禅では「没蹤跡《もっしょうせき》（何の跡形もない状態）」と表現しますが、これはまさに「特別でないこと」を良しとする意識の最終的な形ということができるのではないでしょうか。

ところで、慧忠から指定を受けた粛宗は、慧忠が亡くなった後で、指定された耽源応真に、慧忠の〝暫時の無言〟の意味を訊ねるのです。耽源は、韻文をもって次のように答えます。

湘《しょう》（地名）の南にして、かつ潭《たん》（地名）の北、そこに黄金に満たされた国がある。影のない木の下には底の抜けた船、しかし瑠璃《るり》の宮殿にそれを知る人はいない。

湘の南、潭の北、中に黄金の充《み》てる一国あり。無影樹《むようじゅ》の下、合同の船。瑠璃殿上に知識なし。

湘之南、潭之北。中有黄金充一国。無影樹下合同船。琉璃殿上無知識。

（『禅林類聚』巻二）

「黄金に満たされた国」とは、完成された悟りの境地、仏の世界のことです。前半部では、そのありかは茫洋《ぼうよう》としてしれないことが詠《うた》われています。また後半では、「影のない木」や「底なしの船」という、いわゆる人間の知的理解の範囲を超えた存在を引き合いに出して、それが一般的な概念で規定されないものであることが示されています。

彼なりに、美しい言葉で慧忠の教えを表現しようとしたのでしょうが、後世の人々の評価としては、無言だった師匠に対して、あまりにも言葉を飾りすぎたものと捉《とら》えられています。

ちなみに、日本のある方が、石碑にこの言葉の刻んであるのを見て、「これは絶対に宝物の隠し場所を示した暗号だ」と思い込み、勢い込んでお寺に相談に来た、ということがあったそうです。確かに、字面から見ると、そう思うのも分からないではありません。もちろんご住職は、この言葉の由来を説明してその方をなだめたということですが、これなど、まさしく「言葉を飾りすぎることの弊害」を示した好例ということができるのではないでしょうか。

②大随法真《だいずいほうしん》の「無縫塔」解釈

（僧が）質問した、「（慧忠国師の言った）無縫塔とはどのようなものでしょうか。」

師が答えた、「高さが五尺ほどある。」

僧が言う、「私にはよく理解できません。」

師云く、「のっぺらぼうの、大きな煉瓦《れんが》だ。」

――問、如何是無縫塔。

問う、「如何《いか》なるか是れ無縫塔。」

――師云、高五尺。

師云く、「高きこと五尺。」

僧云く、「学人《がくにん》、会せず。」

師云く、「鶻崙塼《こつろんせん》。」


僧云、学人不会。

師云、鶻崙塼。

（『景徳伝燈録』巻一一「大随法真」章）


慧忠の「無縫塔」を踏まえたものとして、大随法真の問答を紹介しましょう。

弟子の「慧忠の無縫塔とは？」の問いかけに対して、大随は「五尺」と答えています。これが何の長さ、あるいは高さを示したものなのかが問題です。中国唐代の度量衡では、一尺は約三一センチ、五尺で一・五メートルちょっととなります。解説でも触れますが、これは大随本人の身の丈を示したものと理解されています。つまり、慧忠の「無言」と同様に、「私の姿がその見本だ」ということを、具体的な数値で示したということでしょう。

しかし、この問答でもまた、質問者は、まったくそれに思い及びません。その数値が何を意味するのかも考えず、問いかけを繰り返します。

そこで大随は、別の言葉で無縫塔を表現します。それが、「のっぺらぼうの大きな煉瓦（鶻崙塼）」です。

これも意味が取りづらいのですが、大随の「無縫塔」、つまり自分自身の宗風の、素朴で庶民的な一面を、粗野な素焼きの煉瓦に喩《たと》え、半ば卑下し半ば誇りつつ表現したものと解釈されています。質問者は、「慧忠の無縫塔」を訊ねたのですが、それに対する答えは、あくまでも自分自身の無縫塔の形状を答えたものとなっているのです。

《解説》

この問答は、大随法真という人が、南陽慧忠の「無縫塔」の問答を聞き知った修行僧から、その様相について質問を受けたものです。このように、禅問答では、いにしえの禅者の言葉をもとに、その解釈について問いただす形式となっているものも多いのです。

先ほど、慧忠が何も言わずに「お解りか?」と言った、その答えを、その時の状況を背景に「目の前にいる自分自身」と解釈しました。じつは、その解釈にたどりつくのに、この問答における大随の答えもヒントになっています。それが、この「約一・五メートル」という具体的な数字の提示でした。

玄沙師備《げんしゃしび》という別の禅僧も、無縫塔を「七尺八尺」と形容しています。これも身の丈として解釈されるのですが、大随の「五尺」とは、ずいぶんと隔たりがありますが、あくまで会話の流れの中での表現ですから、さほど厳密にこれを解釈する必要はないでしょう。概算としてこれを解釈しておきたいと思います。ただ、これだけの差があるということは、もしかすると、大随は、ずいぶん背が低かったのかもしれません。

さて、「五尺」が理解できなかった質問者に対するもう一つの答え、「のっぺらぼうの煉瓦」ですが、このように、理解の及ばぬ相手に、言葉を換えて答えを示してあげるところに、大随の優しさが表れています。

同じような状況であっても、激しい指導方針を持つ禅者だったら、ここで怒鳴ったり打ち据えたりするところでしょう。事実、禅問答には最後に叩《たた》かれて黙り込んでしまうという例はまた見受けられます。しかしあえてそれをしないところが、大随の「宗風」ということになります。

しかし、優しさはあっても、具体的に解り易く示してくれないところは、やはり禅者です。すでに触れたように、この「煉瓦」は、大随自身の「無縫塔」の形容であり、自らの宗風を喩えたものとされます。先の南陽慧忠は、「国師」とまで称され、宮廷に昇って高貴な人々に法を説きました。その点からすれば、その宗風を示す「無縫塔」は、まさに洗練された御影石《みかげいし》のような輝かしいものであったといえます。大随は、それと比較して自分自身を、ゴツゴツとした粗野な煉瓦に当てて表現したのです。

大随は、中国五家の潙仰宗《いぎょうしゅう》に所属しています。この派は、師匠と弟子が親子のように仲良く、また、「土の臭いのする禅」とも呼ばれる庶民的な宗風を持っています。この問答に見られる大随の丁寧な弟子の指導や、自らを「煉瓦」に喩えることなどは、その特徴を余すところなく示したものということができるでしょう。

③もう一つの「百年後」—耽源応真の問い—

耽源応真が、（師に）質問した、「師匠が亡くなった後に、誰かが『究極のあり方とは何か』

と訊ねてきたらどうしましょう。」

　師（南陽慧忠）が言った、「せっかく良い生まれでありながら、身を守るためのお守りなど要求してどうしようというのか。」


師（耽源）、国師に問う、「百年《みまかり》し後、人の極則《ごくそく》の事を問うことあらば如何。」

国師云く、「幸《さいわい》自に可《か》憐生《れんさん》なるに、箇の護身の符子《ふす》を須要《もと》めて、甚麼《なに》をか作《な》す。」


師問国師、百年後、有人問極則事如何。

国師云、幸自可憐生、須要箇護身符子、作甚麼。

（『聯燈会要』巻三「耽源応真」章）


　粛宗だけでなく、同じ「百年後」のことを、弟子の耽源も、慧忠に質問していました。「究極のあり方を訊ねられたらどう答えたらよいでしょうか」というのは、師匠のおしえを嗣《つ》ぐ者としての問いかけです。もしかしたら、慧忠が、「弟子の耽源に聞け」と言ったことを意識し、その答えをあらかじめ教えておいてもらおうという意図があったのかもしれません。

　それにしても、「究極のあり方」の答えを求めるとは、あまりにも質問が単刀直入に過ぎます。これまでに見てきたように、そのような本質に関する質問には、画一的な回答など存在せず、また、聞かれた方も、素直に答えないのが禅問答の常です。むしろ、回答の拒否や譬喩《ひゆ》などの婉曲《えんきょく》の表現を用いて、質問者自身に答えを考えさせようとする傾向にありました。

慧忠も例に漏れず、素直に答えることなどしていません。彼の言う「身を守るためのお守り」とは、まさしく、自分の力の及ばないところを補ってもらう何かのことです。ここでは、耽源が要求した「極則の教え」を意味しています。慧忠は、自分の亡き後、この有能な弟子が、そんな「お守り」を後生大事に抱え込んで、その場に立ち止まってしまうことを恐れ、このように答えたのです。

《解説》

この問答は、耽源が「究極のあり方」に関して単刀直入に問いかけたことに対し、「そんなものを私に求めてはダメだ」と厳しく切り返したものです。

慧忠の答えの「幸自可憐生」とは、「幸いにも、慈まれた良き身の上であるのに」ということ。これは、もとから保有している〝自己〟が、すでに十分に完成された状態にあることを譬喩的に表現したものです。しかし、それにもかかわらず、さらに「お守り」を求める、つまり師匠に「究極のあり方（極則）」を教えてもらおうとする耽源を、慧忠は、「そんなことをしてどうする」と、明確に退けているのです。

この問答は、このように、短い応酬の中に、師と弟子がしのぎを削り合っている様子がうかがえる内容となっています。

先に見たように、問者の耽源応真は、慧忠が、粛宗に「次に教えを請うべき存在」として推挙した人物です。慧忠にとっては、最も信頼していた弟子の一人だったからこその直球勝負だったといえるでしょう。

それにしても、慧忠は、先の問答で、「耽源という弟子が良く知っているから、彼に聞け」と言っておきながら、その質問の答えを明確に示してあげないというのは、ずいぶんと不親切に感じます。

しかし、これはむしろ、期待の弟子であったからこそ、突き放したものと考えるべきでしょう。このような指導方法を「放行《ほうぎょう》」といいます。師匠が弟子を完全に自由に解き放ち、力量のままに修行させるというものです。その反対が「把定《はじょう》」あるいは「把住《はじゅう》」で、こちらは、弟子の首根っこを押さえつけ、雁字《がんじ》搦《がら》めにしながら方向性を見出《みいだ》させるというものです。古来、禅門では、この二つの方法が、師匠の性格によって、指導される弟子の才能や力量を見定めながら、使い分けられていたのです。

（二）丸柱と火鉢を跡継ぎにしよう―大随の火炉露柱―

僧が質問した、「和尚さまは、亡くなられる時に、いったい誰に教えを与えられるのでしょうか。」

師（大随）が答えた、「露柱《まるばしら》と火炉《ひばち》だ。」

僧はさらに質問した、「それらが法を受けるのでしょうか。」

大随は答えた、「火炉と露柱（に聞け）。」
問う、「和尚、百年《みまかり》し後、法を付して何人《なにびと》にか与えん。」
師、云く、「露柱《ろちゅう》・火炉《かろ》。」
進んで云く、「還《は》た受くるや。」
師、云く、「火炉・露柱。」

問、和尚百年後、付法与何人。
師云、露柱火炉。
進云、還受也無。
師云、火炉露柱。
（『大随語録』）

ここでは、師匠が誰に跡継ぎの資格を与えるか、ということが主題となっています。この質問をした僧は、明らかに大随の後継者候補に、自分が含まれていると思い込んで問いかけています。つまり、大随の「法を与えるのは君だ」という答えを期待しているのです。

答える大随は、当然、質問者の意識を理解しています。そのような質問を発すること自体が、本人の過信に他ならないので、まず、この問いを発した時点で後継者候補から外されていることは間違いありません。ですから、期待通りの答えなど出てくるはずがないのです。

大随は、僧侶《そうりょ》の意気込みを躱《かわ》しながら、「跡継ぎは露柱と火炉」と答えました。この二つの器物は、道場のどこかにある柱と、寒い時に暖を取るための暖房具、日本でいえば火鉢のようなものと思えばよいでしょう。

じつは、「露柱」が、具体的にどこにどのような形で存在したものかは、現時点では明確になっていません。ただ、その多くが「火炉」や、「灯籠《とうろう》」といった禅院の器物と一緒に扱われているので、道場で修行する僧達の身近にある存在を代表していることは確かです。そこで、ここではいちおう「丸柱」と訳しておきました。いずれにしろ大随は、法を付与する対象として、弟子の誰かではなく、手近な器物を持ち出して答えたのです。

しかし、質問した僧はその意図が理解できず、それが無機物（心を持たない存在）であることを理由に、「それらは、法を受けるのですか」と問います。もちろん言外には、「そんなものは法を付与する対象になどなり得ない」という意識が存在しています。

この食い下がりに、大随は、「露柱」と「火炉」の順序を入れ替えるだけで答えます。

この意味は、「露柱と火炉に聞け」というものであると解釈されています。つまり、「私は、これら露柱・火炉に法を付与することを決めた、それを受けるかどうかは、相手に聞いてくれ（私には解らない）」と、最後まで僧侶をはぐらかして問答を終えているのです。

《解説》

この問答で「百年後」を訊ねた僧は、「後継者指名」を期待していました。禅問答で、「網で捕《つか》まえることのできない魚とは何か」とか、「もう教えることのない人には何を教えるか」などという質問がありますが、これらはだいたい、質問者が「私のようなよくできた修行者にあなたはどう対応するか」という、自負心に基づいた問いかけであることが多いのです。

もちろん、このようなシチュエーションでは、多くの場合、指導者が、その過剰な自信を根底から挫《くじ》き倒すか、あるいはのらりくらりとはぐらかしてしまうかのどちらかとなりますが、この問答は、後者となります。

大随は、法を付与する相手として、人間を選ばず、道場内の無機物を持ち出して答えます。

質問者は、もちろん、たとえ自分ではなくとも門下の誰かが指名されると思っていたでしょうから、完全に矛先を躱された恰好です。しかしそれでも、「そんな無機物は、和尚さんの法を受けるはずがない」と、必死で切り返します。確かに、相手は生き物ではありませんから、正式な法の付与などできるはずはありません。しかし、これは禅問答ですから、本来は、そこに象徴的な意味を見出す努力をしなければならないのです。質問者は、落胆のあまり、完全に冷静さを失い、そこまでも意識が回らなくなっていたのでしょう。これではやはり、「後継者指名」など受けられるはずはありませんね。

じつは、大随が、道場内の無機物を持ち出したのは、答えをはぐらかすためだけでなく、他にも理由があったのです。一つは、無機物であるからこそ、真の法を表現しうる、という考えに基づいて、「法の表現者」として、露柱と火炉を指名したというもの。これは「無情説法」のところで触れた考え方です。もう一つは、「自分の教えは、修行道場の中にしか遺し得ない」と、人ではなく、修行道場における実践そのものを示そうとしたというものです。

（三）修行しなおして来い―睦州道明《ぼくじゅうどうみょう》―

睦州が上堂して言った、「君たち、急げ急げ。私は七十九歳だ。みるみるうちに逝《い》ってしまうぞ。」

そこで僧が質問した、「お師匠様は、亡くなった後、どこに行かれるのですか。」

師（睦州）は言った、「三十年後に、誰かが取り上げてくれるだろう。」

上堂《じょうどう》に云《いわ》く、「汝等《なんだち》、快与《いそげ》、快与。老僧七十九なり、看看《かんかん》に脱し去《さ》らん。」
僧、便ち問う、「師、百年《みまかり》し後、什麼処《いずこ》に去《ゆ》く。」
師曰く、「三十年後に人ありて挙《こ》するあらん。」

上堂云、汝等快与、快与。老僧七十九也。看看脱去也。
僧便問、師百年後、向什麼処去。
師云、三十年後有人挙在。
（『睦州和尚語録』）

睦州は、上堂という、禅修行僧を集めた説法で、自分の老い先を示します。これは、年老いた我が身を意識し、まだ教えを伝えることのできるうちに、ありったけの教えを伝えようと考えてのものでした。

すると、一人の僧が進み出て、「師匠の死後の行く末」を訊ねます。「みるみるうちに逝ってしまう」と言われたのですから、先のことが心配になるのも無理からぬことです。

しかし、それが睦州の意図に叶《かな》った質問であったのかどうかは疑問です。

睦州の答えは、「三十年後に誰かが（その質問を）取り上げて答えてくれるだろう」というもの。「いそげ」と修行僧を急《せ》かしておきながら、三十年という時間を設定する、いかにも不思議な答え方をしているのです。

《解説》

「光陰は矢よりも速やかなり、身命は露よりも脆《もろ》し」という禅語があります。「時間は矢のように過ぎ去る、命は露よりもはかない」。だからこそ、今を懸命に生きよ、という教えです。睦州の説法は、この教えに基づいています。

また、この問答が行われた「上堂」とは、道場の規則に則《のっと》り、定期的に修行僧達を集めて行う説法会です。つまりこの問答は、一対一の場面ではなく、修行道場にいる僧侶全員の前で行われたものなのです。睦州は、そのような説法の場で自分の老い先を示すことによって、すべての修行僧達に、時を惜しんで修行すべきことを説いたのです。

このような切羽詰まった問いかけであったにもかかわらず、僧は、自己の修行ではなく、師の行く末を訊ねたのです。なんとも的外れな質問だったといえます。

それゆえ睦州は「三十年後」を持ち出したのでしょう。この「三十年」とは、修行の一区切りを意味しています。ですから、この答えは、「修行が一区切りついたら誰かが取り上げてくれるだろう」という意味になります。結局、「今の君には答える意味がない」と、質問者を退けているのです。

（四）そのままに往く──幽棲《ゆうせい》和尚の坐亡《ざぼう》──

僧がいて、質問した、「和尚さまは亡くなってどこに行かれるのですか。」
師（幽棲）が答えた、「そのまま、そのまま。」
言い終わって、坐禅したまま亡くなった。

僧あり、問うて曰く、「和尚、百年《みまかり》し後、什麽処《いずこ》にか去《ゆ》く。」
師曰く、「調然、調然。」
言い訖《おわ》りて坐亡す。

有僧問曰、和尚百年後、向什麽処去。
師曰、調然、調然。
言訖坐亡。
（『景徳伝燈録』巻一七「幽棲道幽」章）

最後の一行を見れば明らかなとおり、これは、師のいまわの際に交わされた問答です。
師の幽棲和尚は、この問答を終えた直後に亡くなるのですから、「百年後」という問いかけは、その場の雰囲気からは逸《そ》れてしまっているようにも思われます。にもかかわらず、あえてこの僧が「百年後」と問うていることとは、この語が、百という数字とは関係なく、没後のことを問う定型句となっていることを示す好例といえます。

それに対して幽棲和尚は、問いかけを拒否するでもなく、静かに「調然」と答えます。これは、「そのままのあり方」とか、「あるがまま」といったニュアンスです。何も特別な場所へ、それこそ浄土や無色界という、仏の世界への旅立ちなどではなく、亡くなったら、ここに私がいなくなるだけ、それを言いたかったのでしょう。

そして、その言葉を言い終わって、坐禅をしたまま亡くなりました。まさにこの「調然」の一言が、弟子に送る遺言だったのです。

《解説》

幽棲和尚の「調然」は、まさに彼の最後の説法です。しかしそれは、すぐそこにやって来ている「死」に怯《おび》えるでもなく、また虚勢を張って笑い飛ばすでもない、「まあそのまま逝こうかい」といった雰囲気の静かな一言でした。

この背後にある意識は、「死」といえども、それは自分の人生の中の出来事の一つに過ぎず、さして特別なものではないという考え方です。もちろん、この時の幽棲は、息をするのも辛《つら》いほどの状態にあったことは容易に想像できます。しかしそれでもなお、来たるべきものを、必然として自然体で受け入れようとしているのです。

確かに、死は、その先が見えないという意味において最も人を不安にさせます。しかし、禅僧の多くは、このように、死を極めて自然体で受け入れるのです。

道元は、『正法眼蔵』「現成公案《げんじょうこうあん》」巻において、生と死の関係を、薪と灰との関係に喩えて次のように述べています。

薪は（燃えて）灰になる。そこから薪に戻ることはない。ではあるが、灰は後の（様相）で、薪は（その）前の様子だと理解してはいけない。知らねばならぬ、薪は薪としてのあり方（法位《ほうい》）にあって、（薪としての）先と後（時間）があるのである。（薪と灰に）前後があったとしても、前のあり方と後のあり方は断ち切れているのである。（それゆえ）灰にも灰としてのあり方（法位）があって、（灰としての）前後（時間）がある。

【原文】

たきぎ、はいとなる、さらにかへりてたきぎとなるべきにあらず。しかあるを、灰はのち、薪はさきと見取《けんしゅ》すべからず。しるべし、薪は薪の法位に住して、さきあり、のちあり。前後ありといへども、前後際断《ぜんごさいだん》せり。灰は灰の法位にありて、後あり、先あり。

このように、道元は、「生」の後に「死」のやってくることを認めながらも、それぞれがそれぞれの「あり方（法位）」にあって、さらにその中で「先と後」があると示しています。

これは、「薪」は薪としてその時間を過ごし、それが「灰」となった時は、けっして薪に戻ることなく、新たに「灰」としての時間を過ごすということ。これが「生」と「死」の関係にも当てはまるというのです。つまるところ、「生」と「死」は、前後関係にあるのではなく、それぞれに独立した「あり方」だというのです。

このように、死ぬことを、自分という存在が、大きくその属性を変えることであると捉えた時、それは、自己の消滅ではなく、むしろ新たな展開として自らに迫ってくる、まさしく、禅の思考のポジティブな一面を最もよく表した考え方ということができるでしょう。

この問答の幽棲和尚も、迫り来る死を、このように捉えていた、だからこそ、それを忌み嫌うことなく、自らの持つ時間の流れの中で、静かに受け入れることができたということができるのではないでしょうか。

道元禅師観月像（宝慶寺蔵）

禅とは、基本的に〝どのように生きるか〟を見据えていくものですが、「死」に対しても、自分の新たな展開として、真っ正面から受け入れるものでもあることが、ここに示されているといえるでしょう。

結節　坐ることの意味

最後に、坐禅《ざぜん》をしている時の心境について触れた問答を紹介して、禅問答解説の結びとしたいと思います。これは、「無」となるものでもなく、また、与えられた公案（課題）を参究するのでもない、ただひたすら坐る、という道元の「只管打坐《しかんたざ》」の教えの源となっている問答です。その「何も求めない」「何も目指さない」ということが何を意味しているのかが示されています。

（一）何も考えないことを考える――非思量の坐禅――

薬山《やくさん》が坐禅していた時、僧が質問した、「ゴツゴツと坐禅をしていて、いったい何を考えておられるのですか。」

薬山が答えた、「何も考えないということを考えておる。」

僧が言った、「何も考えないということを、どうやって考えるのですか。」

薬山が言った、「非思量だ。」

薬山和尚の坐する次《おり》、僧ありて問う、「兀兀地《ごつごつち》、什麼《なに》をか思量す。」
師（薬山）云く、「箇《こ》の不思量底《ふしりょうてい》を思量す。」
僧曰く、「不思量底、如何《いかん》が思量せん。」
師云く、「非思量《ひしりょう》。」

薬山和尚坐次、有僧問、兀兀地思量什麼。
師云、思量箇不思量底。
僧曰、不思量底如何思量。
師云、非思量。
（真字『正法眼蔵』巻中・第一二九則）

この問答の主役である薬山は、第三節の「何も語らない説法」でも紹介しましたが、とにかく坐禅の好きな人でした。ですからいつも坐禅していたのですが、その最中に、弟子の一人が「坐禅中にいったい何を考えておられるのですか」と問いかけます。

原文の「兀兀」とは擬態語で、木石《ぼくせき》のような無知覚・無思慮のさまを示したものです。姿勢を正してどっしりと坐禅している姿を、よくこの言葉で表現します。

この質問に対する薬山の「何も考えないということを考えておる」という答えがふるっています。いかにも難解で、「禅問答的」回答です。「何も考えていない」でもなく、「集中している」でもない、「何も考えない」という対象を「考える」というのです。これはいったいどのような「考え」なのでしょうか。

質問した僧も、まったくイメージがつかめなかったのでしょう、「何も考えないことを、どうやって考えるのですか」と質問を続けます。これは、当然の発問といえます。

それに対して、薬山は、「非思量」とのみ答えてこの問答は終わっています。この言葉は、直訳すると「思量（考えること）ではない」となります。今までの流れからすれば、「何も考えない」こととは違うものでなければならないはず、そこがポイントとなります。

しかし、「不思量」とか「非思量」とか、薬山の答えは、極めて難解で、なにやら高尚な思考がそこにあるようにも思えます。あるいは逆に、ただ単に僧をはぐらかしているだけのように思えなくもありません。

いずれにしろ、このような不可解な掛け合いが、「禅思想の基本」ということになるので、一般にいわれる「禅は不可解」とか、「深すぎて解らない」という評価に繋《つな》がるのですが、じつはこれ、坐禅中の基本的な心構えとして、古来多くの禅者達によって掘り下げられ、解釈の方向性が示されているものなのです。

結論のみを紹介すれば、これは、何も考えないことではなく、普通に考えること、何かに集中したり、また、逆にぼうっとして頭のはたらきを停止することなく、「ごく普通」の思考をし続けることなのです。なぜそのように解釈されるのかは、解説で触れることにいたしましょう。

《解説》

薬山の法諱《ほうき》は惟儼《いげん》（七四五〜八二八）といい、その宗風は、石頭希遷《せきとうきせん》の「真金鋪《しんきんほ》（純金屋）」

の流れを継いで、俗世間を離れ、坐禅を中心とした修道生活によって、自分の本質を把握しようというものでした。特に坐禅を強調することでは右に出る者のない人で、牛小屋を改築した、粗末な「牛欄寮《ごらんりょう》」という道場で修行を続けていたことはすでに触れました。もちろん、門下はあまり多くは集まらなかったのですが、それでも、その流れはその後もけっして廃《すた》れることなく受け継がれていくのです。

さて、その坐禅中心の宗風を持つ薬山の、坐禅に関する問答ということで、この問答は「非思量の話」と呼ばれ、坐禅の基本となる心構えとして、日本では、特に道元門下の禅僧たちによって重視されてきました。

原文の「不思量底」の「底」は、形容詞や動詞の後ろについて、それを名詞化するもの、「〜の（もの）」、「〜のところ」という意味になります。この「不思量底（何も考えないところ）」とはどのような心境か、そこから考えてみましょう。

まず、「何も考えない」を、完全な思考の停止としてみましょう。そうすると、その究極の形は、一切の脳の働きを停止した状態、つまり「脳波停止の状態」となります。このように考えると、それは、じつは生命活動を放棄したところになってしまいます。これが究極の状態ということでは、「自己を究明すること」とは、かけ離れたものであるとしかいいようがありません。今ここに生きている自分を見つめ、それを世界の中に位置づけることこそが禅の基本的な立場ですから、心の置き方は、けっしてこのような「はたらきの停止」ではないということになります。では逆に、何か一点に思念を集中させることがよいのかといえば、こんどは、心が一点に留《とど》まってしまうことになり、「柔軟な活動」からはかけ離れたものとなってしまいます。

これは喩《たと》えれば、清らかな流れをなにかで塞《せ》き止めたような状態です。流れが滞ると、水は必ず淀《よど》んでしまいます。心も同じです。よしんば、一点に集中し、なにやら大きな達成感を得たとしても、それは、日常のあり方、普段の思考から遊離した特殊な状態なので、ありのままの心を大切にする禅の「悟り」の定義にはそぐいません。

このあたりが、じつは薬山の言いたかったことになります。ポイントとなるのは、薬山が、「何も考えていない」ではなく、「考えていないことを考えている」と答えているところです。〝考えている〟からには、頭は働いているはずです、脳波はなくなってはいないのです。ただ、その考える対象が「考えない」ことだという、この意味は、思考がどこにも留まらず、何にも引っかかることなく、ごく自然な流れを形成している状態を意味しているとされているのです。

この点について、心理学の研究者が、坐禅している人の脳波を計測したところ、熟練した人であればあるほどリラックスした状態を示すα波が出ていることが判明しています。この自然な心（脳）の動きこそが、「考えないことを考える」の意味であり、坐禅の基本的な心の置き方ということになるのです。

質問者は、これを理解できずに、「どういうことか」と質問します。

その答えが「非思量」なのですが、これは、先の「考えないことを考える」ことを一言で表現したものと解釈されます。

辞書的にいえば、この「非思量」は、「思量しながら、思量に伴う執著《しゅうじゃく》（とらわれ分別すること）を脱したところ」を意味したものとされています。意味するところは、これまでの解説と同じです。しかし、このような定義づけは、よけいに混乱を招くかもしれません。とにかく、この「非思量」は、今まで述べてきた坐禅中の心の置き方を一言で示したもの、つまり、「普通に頭を働かせること」なのです。

坐禅をして、「何かを達成しよう」とか、あるいは「特別な（安定した）精神状況になろう」といった「思いはからい」を一切捨て去り、頭の中を、自然な状態にする、それが非思量ということなのです。

よく坐禅指導で用いられる表現として、「坐禅中に如何《いか》なる思念が明滅しても、浮かぶに任せ消えるに任せて一切とりあわず、また、あらゆる希望・願望・要求・注文・条件等を持ち込まないでただ坐《すわ》る」というものがあります。

このように考えれば、意味するところは明解です。あくまでも自分の心を一切制御することなく、「ありのままの自分」を表現するということなのです。

このようにいえば簡単そうですが、しかし実際に坐禅中に「心の自然な流れ」を作り出すことは大変です。少しの間だったらできるかもしれませんが、それを持続させるとなると、これはなかなか難しいものです。坐禅の深さは、じつは解りにくさではなく、この、普通の状態の持続にある、ということもできるのです。

じつは、「犬には仏性《ぶっしょう》があるか？」（一〇四ページ）や「教えを説くと眉毛《まゆげ》が落ちる」（九五ページ）のところで触れた、「無」の探求も、突き詰めれば、この考え方と極めて近いものだといえます。つまり、「無になる」といっても、それは、意識を無くしてしまうことではないのです。むしろ、理屈の通らない公案を必死で考え抜くことによって、思考による分析や知的把握に限界のあることを体験し、それらの呪縛《じゅばく》から解き放たれた状態が「無」であるといえます。このように、「こころのとらわれ」から自由になることを目指すという意味では、薬山の言う「非思量」も、「無」の探求も、目指すところは同じということになるでしょう。

結局、禅の目指すところは、一切の滞りや飛躍など、イレギュラーな動きのない、そして、何物にも束縛されない、自由な〝こころのはたらき〟を獲得し、維持するということになります。それはけっして、他人から誉められたり羨《うらや》ましがられたりするような、〝特別〟な能力などではないのです。

とにかく、ありのままの自分を、誰か他の人にではなく自分自身に向かってさらけ出す、坐禅とは、そのような究極の自己表現なのです。

坐脱・立亡

武蔵坊《むさしぼう》弁慶は、奥州衣川の戦いにおいて、無数の矢を受けながら、立ったまま息絶え、

戦う義経（源平合戦図屏風　赤間神宮蔵）
梶原正昭校注・訳『義経記』（日本古典文学全集　小学館）

死してなお義経を守ったと言い伝えられます。『義経記』などにある、有名な「弁慶の立ち往生」の一幕です。いまここで取り上げたように、中国禅においても、このように坐禅したままで息を引き取ることを、立派な禅僧の最期と捉える風潮が見られます。立ったままでなくなることも讃えられる行為で、それを「立《りゅ》亡《うぼう》」「立化《りゅうけ》」と、また、坐して終わることを「坐脱《ざだつ》」、「坐亡《ざぼう》」、「坐化《ざけ》」などと表現します。さらにこれを合わせた「坐脱立亡」という熟語も、賛嘆すべき例として禅籍には数多く見受けられるのです。

じつは、このような風潮を受け、日本においても、禅僧たちが、立派な最期を求めるようになります。良く知られる例としては、東福寺の円尔《えんに》弁円《べんねん》が挙げられます。『元亨釋書《げんこうしゃくしょ》』によれば、彼は、いまわの際に、「私は上堂（説法）して死ぬ」と、弟子に説法場所（法堂《はっとう》）まで自分を背負っていくように頼んだといわれています。当然それは、坐して説法をし、そこで息絶えることを望んでのことでした。結果的にそれは叶《かな》いませんでしたが、あきらかに最期を飾る事へのこだわりがそこにありました。ある日本禅宗史の研究者は、これを「臨終ヒロイズム」と呼んでいますが、言い得て妙といえます。ちなみに、道元も、鎌倉時代の記録には存在していないのに、江戸時代の伝記では、坐禅して亡くなったことに改変されています。これは、法孫たちの思い入れの結果ということができるでしょう。

さすがに禅僧は僧兵ではありませんから、弁慶のように戦の中で絶命するような壮絶な最期は見られませんが、このように、最期のパフォーマンスで、自分の修行を最期まで全うしたこと示したのです。坐禅ですから、弁慶の「立ち往生」ならぬ、「坐り成仏」といったところですね。

第三部　禅思想史概観

白隠筆　円相図（永青文庫蔵）
水上勉・泉武夫『白隠・仙厓』（講談社）

一通り禅問答を味わっていただいたところで、それらの禅問答に示されていた禅の思想と展開について、年代を逐って簡単に解説してみましょう。とはいえ、これからご紹介する禅の歴史は、「禅とはかくあるべきである」という考えの下に作り上げられ、脚色され、伝承されてきたものです。

現在では、新出文献や碑文資料等の分析によって、ずいぶんと歴史的事実が明らかにされ、中国・日本の禅宗史が、新たに書き直されるようになっています。これは、日本や中国だけでなく、欧米の研究者も含めた全世界的な動きといえますが、それらのご紹介は研究書に譲ることにして、いまはまず、禅に触れる最初のステップとして、伝統的に作り上げられてきた歴史についてご紹介していくことにいたします。禅籍は、ほとんどがこの伝統的な禅宗史の枠組みに従って編集されているので、禅問答を読み解くためには、古めかしいようでも、こういった枠組みを知っておくことが有効なのです。

(1)壁観《へきかん》の婆羅門《ばらもん》——菩提達磨《ぼだいだるま》（六世紀前半）

禅宗の開祖といえば、菩提達磨です。赤くて丸い「だるま人形」のモチーフになった人として知られていますから、その意味では、日本人なら誰もが知っている人なのですが、実際の歴史的人物像は、あまり伝わっていません。だいたい分かっていることといえば、まず、インドの出身であったこと、「二入四行《ににゆうしぎよう》」という修行方法を用いて「壁観」という観想を行ったこと、『四巻楞伽経《しかんりようがきよう》』を重視したこと、そして恵《え》可《か》、道育《どういく》、曇琳《どんりん》といった弟子たちがいたことくらいです。

「二入四行」というのは、悟りに入る道として「理入《りにゆう》」（理論）と「行入《ぎようにゆう》」（実践）の二つを設定し、さらに実践を四種類に分けて示したものです。

まず「理入」は、凡と聖とを問わず、生けるものすべてに同一の真実が具《そな》わっていると信じること。「行入」とは、現実の自己を実践によって捉《とら》えていくことです。「四行《しぎよう》」とは、「行入」

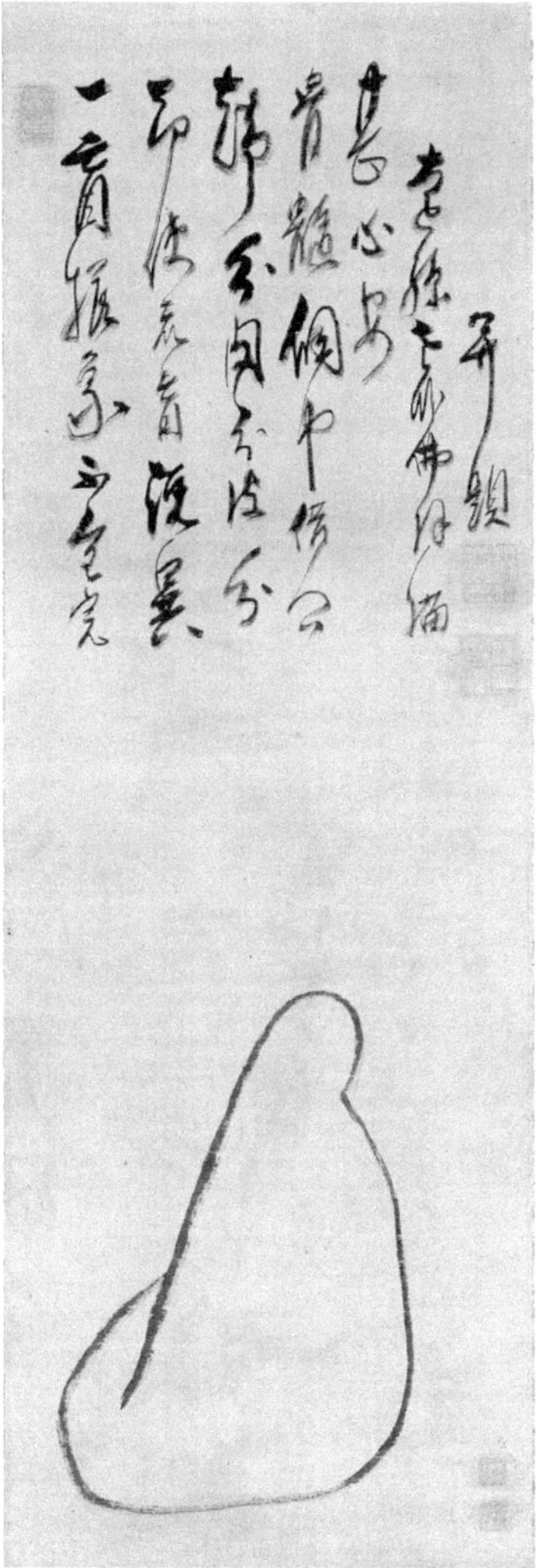

月坡道印画賛「面壁達磨図」（駒澤大学禅文化歴史博物館蔵）

の具体的な内容となる四つの実践方法のことで、「報怨行《ほうおんぎょう》」（現在が苦しくても、それは宿業による。苦境を恨まず忍耐して良き因を作る）・「随縁行《ずいえんぎょう》」（現在がいかに良い状態であっても、慢心しないで謙虚に努力する）・「無《む》所求行《しょぐぎょう》」（むさぼり・執着の心が「求」であり、その性質を良く知り、それを起こさないようにする）・「称法行《しょうぼうぎょう》」（すべてが本来清浄であり、それにかなうような実践をする）の四種の行動原理をいいます。

また、『四巻楞伽経』が「不立文字《ふりゅうもんじ》」の淵源《えんげん》となったことはすでに触れたところです。

この、菩提達磨というインド僧が、その後の禅宗でどのような性格の持ち主として扱われたのかを示すものとして、特徴的な一節を、『景徳伝燈録《けいとくでんとうろく》』巻三「菩提達磨章」から紹介しましょう。

> 嵩山少林寺《すうざんしょうりんじ》（河南省）に留まり、壁に向かって坐《すわ》り、終日押し黙っていた。人々はその真意を知ることもできず、彼のことを、「壁観するインド僧」と呼んだ（嵩山少林寺に寓止《ぐうし》し、面壁《めんぺき》して坐して終日黙然《もくねん》たり。人、之《こ》れを測《はか》ること莫《な》し。之《こ》れを壁観《へきかん》の婆羅門《ばらもん》と謂《い》う）。

この「壁観するインド僧（壁観の婆羅門）」という位置づけが、いわば達磨の性格を集約したものといえます。

もっとも、この「壁観」の意味は確定していません。主として「壁に向かって坐る」あるいは「壁のように坐る」の二つの解釈があります。曹洞宗は前者を採用して坐禅は必ず壁に向かって坐り、臨済宗では後者の解釈に則って、対面して坐ることが行われています。しかし、いずれにしろ、この「壁観」が、十世紀以降は「面壁《めんぺき》（壁に向かう）」という言葉と一対で用いられ、さらに達磨がその修行形態を九年間続けたこと（「面壁九年《めんぺきくねん》」の故事）が、その頃に教団として形成されはじめた禅修行者集団の性格とされ、それが日本に及んでいるということになります。

以上に見てきたように、菩提達磨の修行観は、かなり禁欲的な現実把握に基づいたものとなっています。しかし、その後の禅思想は、そこから一転し、楽天的なまでの現実肯定へと展開していきます。それは達磨から数えて六代目の慧能《えのう》の時代となります。

(2) 南宗禅《なんしゅうぜん》と北宗禅《ほくしゅうぜん》——六祖慧能《ろくそえのう》（六三八～七一三）

達磨の壁観の教えは、『四巻楞伽経』の依用《えよう》と共に、禅宗の第二祖慧可《にそえか》、三祖僧璨《さんそそうさん》へと受け継がれ、四祖道信《しそどうしん》、五祖弘忍《ごそこうにん》（「ぐにん」とも読む）に至って、大きなグループを形成するようになります。これは、東山（一名馮茂山《ひょうもざん》）という場所を中心としていたので、「東山法門《とうざんほうもん》」と呼ばれます。

禅の伝承では、五祖弘忍の門下が「北宗」と「南宗」の二派に分かれ、後者が、その後の禅宗の主流になったとされています。その「南宗」の祖とされるのが六祖慧能です。慧能は、出

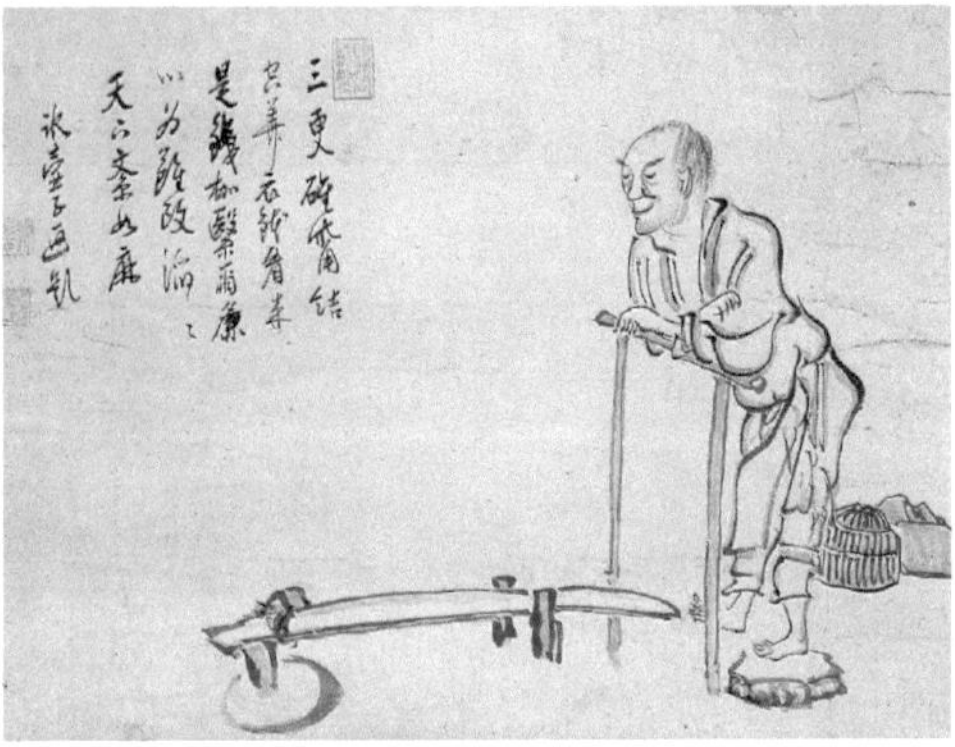

米搗き小屋で米をつく慧能
（寂室堅光画賛「六祖碓房図」駒澤大学禅文化歴史博物館蔵）

家する前に、五祖弘忍から認められ、六代目を継いだとされています。つまり彼は、坐禅はおろか、出家修行すら行わずに、禅の祖統に名を連ねたことになっているのです。

もちろん、彼が何もせずに認められたわけではありません。その思想的な素養は、生まれながらのものであったのです。その伝説は、すでに第二部で紹介したところですが、彼は、寺院の行者《あんじゃ》（未出家の下働き）として、八ヶ月間、ひたすらに出家者のために米《こめ》つきをしました。そしてその結果、「自分自身は、もとから清らかで、そこに一切の区別はない」ことを明確に表現し、六祖となったとされています。このように、慧能は坐禅をしていませんから、この時から禅が「坐禅」という一つの修行形態から解き放たれ、「自分なりの実践」へと展開していくことになるのです。

この教えが、現在の禅宗各派の思想的拠《よ》り所となっているのですが、それは、慧能の説法の記録とされる『六祖壇経《ろくそだんきょう》』によれば、次の三つの柱からなっています。

①自性《じしょう》清浄心《しょうじょうしん》（自らの本性はすでに清らかである）
②無相戒《むそうかい》（具体的な禁止項目がなくとも、その清らかな本性によって自己の行動は律せられる）
③悟りの、坐禅からの解放（修行は生活全体におよび、坐禅のみに限定されない）

まず、①は、すべての人は本来的に清らかである、という徹底自己肯定の立場を表しています。それが、②の、自分が清らかであるという自覚の下に自分の行動を規定する、という戒律観に繋《つな》がります。どういうことかといえば、「あれをするな、これをしろ」と他人から指図されることがなくても、自分が「完成した人格」を持っているという自覚に立てば、おのずから卑しいこと、悪いことはできなくなる、そのようにして具体的な禁止項目を立てずとも、自分の行動が規定されることになります。それゆえこれを「形の無い戒律（無相戒）」、あるいは、自分の仏としての本質（仏性）に導かれる戒律という意味で「仏性戒」と呼びます。

そして、③は、そのような自覚の上に立った行動であれば、それが、「坐禅」などの、仏教教理に規定された修行方法でなくても、〝仏である自分〟を表現する実践となる、というものです。

このように、禅の思想は、達磨の壁観から脱皮し、人々の日々の活動全体を重視するものとなりました。そしてこの流れが、この後の禅の展開の中で常に受け継がれていくことになるのです。

(3)南岳系《なんがくけい》と青原系《せいげんけい》――禅思想の展開（八世紀後半）

六祖慧能の「南宗」は、その下で、南岳懐譲《えじょう》から馬祖道一《ばそどういつ》に続く「南岳系」と、青原行思《せいげんぎょうし》から石頭希遷《せきとうきせん》へと続く「青原系」に分かれたとされます。

馬祖道一は、有名な「即心是仏《そくしんぜぶつ》（ありのままの心がそのまま仏である）」という言葉を遺《のこ》した禅者です。彼は日常生活全般を仏道修行と捉え、そこに真理が余すところなく現れているという考え方を明確に打ち出しました。馬祖は多くの弟子を輩出しましたが、その中でも百丈懐海《ひゃくじょうえかい》（七四九～八一四：「はじょうえかい」とも読む）が、「清規《しんぎ》」という禅宗独自の修行規範を成立させたことにより、禅宗の独立を成し遂げています。

その一方で石頭希遷は、石の上の草庵《そうあん》に住んだことにより「石頭」と呼ばれたという逸話が象徴するように、馬祖の対極にあって、世俗を離れた出家修道生活を重視しました。そして、慧能の思想を受けながらも現実の事象を無批判に肯定することなく、それらの奥底にある「主人公（本質）」を重視する方向を示しました。

このように本質に徹底的に拘《こだわ》ったことから、石頭の宗風は「真金鋪《しんきんほ》（純金を売る店）」と呼ばれ、それに対する馬祖の禅は、日常全般に亙《わた》るため、生活用品を何でも扱っている「雑貨鋪《ざっかほ》（雑貨店）」と呼ばれました。

この時代に、禅宗祖師の言葉の記録としての「語録」という形式が成立します。その内容は、師匠の説法や問答の記録を、師の亡き後、弟子たちが行録《あんろく》（伝記）等を追加して編纂《へんさん》したものです。

これが、その後の禅の祖師の言葉の記録の主流となって行きます。そしてこの中から、特徴的な言葉や問答が拾い出され、参究の課題とされるようになったものが、いわゆる「公案」ということになります。

(4)清規《しんぎ》——禅宗独自の修行（九世紀初頭）

先にも少し触れましたが、馬祖道一の弟子の百丈懐海が、禅宗独自の規範を作成することにより、禅宗は、独自の修行形態を確立します。これは「一日不作、一日不食」の項で触れたところです。とはいえ、この百丈が作成したとされる規範は、残念ながら文献としては遺《のこ》されていません。近年では、百丈は、明文化された清規（修行生活の規範）は作らなかったのではないかとも考えられています。明文化された清規の最も古いものは、宋《そう》の崇寧《すうねい》二年（一一〇三）に作成された『禅苑清規《ぜんねんしんぎ》』です。この清規は、現在に至るまで、修行道場の規範の中心として用いられています。

この清規の持つ独自の内容の一つは伽藍《がらん》配置です。仏殿・法堂《はっとう》・三門（三解脱門・山門）・浴《よく》司《す》（風呂）・東司《とうす》（洗面所）・僧堂《そうどう》・庫院《くいん》（調理場）の七つの建造物からなっています。それゆえ日本では、これらを総称して「七堂伽藍《しちどうがらん》」と呼んでいます。このうち、法堂は、説法や儀式を行う施設で、仏殿・三門と併せて寺院の中心に位置します。それ以外の堂宇は、修行道場でなくとも、普段の生活に必要な設備といえますが、それが重要視されるところに、日常生活そのものを重視する禅宗らしさが現れているといえるでしょう。それゆえ、これらの堂宇の名称は、禅問答にも頻繁に出てくることになります。

ちなみに、僧堂は、修行僧が寝起きし、坐禅し、食事をする場所ですが、現在の臨済宗・黄檗宗では、食事は食堂《じきどう》という別の建物で行っています。そうすると、伽藍の数は「七」ではなくなるのですが、それでも「七堂伽藍」というのは面白いところですね。

禅林清規のもう一つの独自性は、禅の修行を特徴づけるのにとても重要なものです。それは、修行に「普請作務《ふしんさむ》」を取り入れたことです。

インド伝来の戒律では、僧侶《そうりょ》の生産活動は禁止されています。生きるための糧《かて》は、托鉢《たくはつ》や喜捨によってのみまかなわれるものでした。しかし、禅の修行観はそれを逆転させます。寺院における農作業や営繕などの共同作業を、重要な修行として位置づけたのです。

その重要性を示す言葉が、「一日働かなければ、一日食べない（一日作《な》さざれば、一日食らわず）」です。これがまさしく「働かざるもの食うべからず」の教えであることは、第二部で詳しく紹介したとおりです。

この作業中にも、師と弟子は多くの会話を交わしていたようです。禅の燈史《とうし》や語録には、作業そのものの意義や、またそこから派生する疑問など、山林や菜園で交わされた問答が、たくさん遺されています。

(5)五家《ごけ》七宗《しちしゅう》　――禅者の家風（九世紀末～十世紀）

唐末から五代にかけて、禅はさらに広く展開し、多くの禅者が出現するようになりました。その人々を、実践方法や表現方法の特徴によって五つにグループ分けしたものが「五家《ごけ》」です。まず潙仰宗《いぎょうしゅう》と雲門宗《うんもんしゅう》が現れ、次いで臨済宗《りんざいしゅう》・曹洞宗《そうとうしゅう》が、最後に法眼宗《ほうげんしゅう》が成立します。ただし、五家は後代の分類で、当時の禅者がそれぞれに組織として独立して存在していたわけではありません。ですから、禅を修行する者達は、その間を自由に往来していました。

冒頭でも少し触れましたが、この五家の違いを簡略に示せば、臨済宗は、直接的な行動や激しい言葉を用いることが多く、それとは逆に曹洞宗は、あまり自己を主張することなく、むしろ周辺の事象に自分を投影して、そこから自己を「教えてもらう」という方向を示します。

潙仰宗は、生活密着型で、多く日常生活を意識した指導を行います。

雲門宗は、質問に対する答えが、目前の事象に基づいた、ごく短い一言である場合が多いのが特徴です。解釈するのがとても悩ましい問答が多いのです。

最後の法眼宗ですが、これは、年代的にも一番新しく、それまでの四つの派の流れを分類整理し、伝記なども整理していきます。実は「五家」という名称は、この法眼宗の祖である法眼《ほうげん》文益《もんえき》が著書の『宗門十規論《しゅうもんじっきろん》』の中で用いたのが最初とされています。宋代にはさらに、臨済宗が黄龍派《おうりょうは》と楊岐派《ようぎは》に分かれ、「五家七宗」という数え方がなされるようになります。

この時代の禅僧たちは、これら、いろいろな性格の禅匠たちの間を往き来し、いろいろな形で禅を学びました。「遍参《へんざん》」あるいは「行脚《あんぎゃ》」と呼ばれるこのような修行方法は、この後、日本にも伝わり、江戸時代になるまで続いています。禅僧の師匠は一人ではないのです。多くの師から学び、最終的に、どの師匠の法を嗣《つ》ぐかを自分で決める、そのような形で、禅僧たちは自らを磨き、教えを繋《つな》いでいったのです。

このように多くの師に参じることは、必然的に説法や対話の増加を招きます。これが語録編纂のさらなる活性化を促しました。

ここに見える五家の派祖には、みな自分の「語録」があります。それぞれに、「五家」の枠組みが定着した後に、その性格づけに基づいて編集されたもので、それゆえその中で「それぞれの特徴的な禅表現」が積極的に作り出され、禅問答の多くのバリエーションを生むことになりました。いまに伝えられる有名な禅問答は、ほとんどがこの時代の祖師の記録に基づいたものとなっています。

(6)伝燈《でんとう》と公案《こうあん》——宋代の禅（十一世紀～十二世紀）

唐末五代に頻繁に行われた個性的な説法や問答は、宋代（十世紀後半）になって編纂され、公案集として形作られていきます。

宋代にも、多くの問答が行われましたが、それと同時に、この時代には、唐代に行われた先人の禅問答を集めて、分析し体系化して参学の課題とすることが、さかんに行われるようになりました。

そのきっかけとなったのは、西暦一〇〇四年の『景徳伝燈録《けいとくでんとうろく》』の刊行といえます。

前にも触れたとおり、禅は所依《しょえ》の経典を持ちません。ですから、具体的に自分の受け継いできた教えの「正しさ」を証明するものとして、釈迦牟尼仏《しゃかむにぶつ》から、「正しく」伝わってきた仏法の系譜がとても重要視されました。そこで作成されたのが「祖統説《そとうせつ》」です。

これはまず、釈迦牟尼仏以前に、六人の仏陀《ぶつだ》を設定します。この六人に釈迦牟尼仏を加えて「過去七仏」と呼びます。釈尊以降は、菩提達磨に至るまで、「西天《さいてん》」（インド）の二十八人の祖師を設定します、そして「東土《とうど》」（中国）では、達磨から六祖慧能までが、ひとすじの法の流れを成し、それ以降、「五家」などに枝分かれしながらも、いまここにいる自分に、仏祖たちの教えが「間違いなく」受け継がれていると自覚するというものです。

「祖統説」自体は、唐代に形造られたものですが、その枠組に従って、禅の祖師から祖師への教えの繋がりを集成したものが、『景徳伝燈録』です。この書は、人物の伝記資料ではなく、その人の残した問答や説法（「機縁の語」といいます）をたくさん収録しており、まさしく、教えの内容そのものと、それが正しく伝えられてきた様相を記録したものなのです。ちなみに、祖師から祖師へと法が伝えられた様子を、蠟燭《ろうそく》から蠟燭へと火が移し伝えられるさまになぞらえて「伝燈《でんとう》」といい、その系譜を記録した書物を「燈史」と呼びます。僧侶の生涯を記録しただけの「僧伝《そうでん》」とは区別されるのです。

『景徳伝燈録』に収録される祖師の数は一七〇一人。禅の公案の総数をいう時に、一般に「一千七百則」という言い方をします。この数は、この『景徳伝燈録』に採録されている禅僧の人数なのです。もちろん、一人でいくつもの問答が記録されている祖師が多いので、実際の総数はそれをはるかに超えていることになります。

この『景徳伝燈録』を皮切りに、多くの禅籍が編纂されます。その一つは、その他の「燈史」の編纂です。個々の内容は付録の禅籍解説に譲りますが、この『景徳伝燈録』を基本としながら、それぞれ編者の意向によって、人を並べ替えたり、あるいは、僧侶だけでなく在家の居士を多く編入したりした、いろいろな「燈史」が編纂されています。主だったものは、『天《てん》聖広燈録《しょうこうとうろく》』・『建中靖国続燈録《けんちゅうせいこくぞくとうろく》』・『宗門聯燈会要《しゅうもんれんとうえよう》』・『嘉泰普燈録《かたいふとうろく》』の四種で、これに先の『景徳伝燈録』を加えた五書を総称して「五燈」と呼びます。

もちろん「語録」の再編も盛んに行われ、祖師一人一人の語録だけでなく、『四家語録』あるいは『古尊宿語録』などといった、主だった人物を集めた語録集なども生まれました。

　このように、中国宋代には、唐代以降の禅宗祖師の伝記と言葉をまとめようという流れが生じてきます。その言葉の数、つまり禅問答の数は、先ほど触れたように膨大な量に上るのですが、もう一つの潮流として、そのような言葉の記録の中から主だったものを拾い出し、自分なりのコメントを付けることが行われるようになります。

　拾い出す数は百則（百種類）であることが多く、その本文は、「古則」あるいは「本則」と呼ばれます。そして、ただ選び出しただけではなく、本則に対する編者自身の解釈が加えられていきます。散文で解説したものを「拈古《ねんこ》」、韻文（漢詩）で解説したものを「頌古《じゆこ》」といいます。これらが盛んに作られるようになるのです。

　じつは、これがいわゆる「禅の公案集」の中心となるものです。最も有名なのは『仏果円悟《ぶつかえんご》禅師碧巌録《ぜんじへきがんろく》（碧巌録）』でしょう。

　このように、唐代の禅者達の対話を選び出し、新たな注釈を加えるという動きは、それらが本来持っていた意味を希薄化し、系統的な解釈を解体していくものでした。これは、禅僧たちの生の対話である禅問答が、問答の行われたその場を離れ、参究すべき課題となったことを意味します。これがいわゆる「古則公案」です。

　この「公案」とは、役所の公文書、およびそこに記された案件のことです。禅僧の言行のひとつひとつを、決着すべき案件に喩えているのですが、日本では、揺るがしがたい権威を持った言葉と解説されることもあります。それを数えるときには「則」を用い、「一則」・「百則」などといいます。これを英語では「case」と訳しますが、この単語には、条文という意味の他に、法律用語の「判例」の意味もあります。「公案」の原意を考えたとき、これは蓋《けだ》し名訳といえるのではないでしょうか。

(7)看話禅《かんなぜん》と黙照禅《もくしょうぜん》　—日本の禅へ（十二世紀〜十三世紀）

北宋代（十一世紀）にはいると、五家は臨済宗・曹洞宗の両派へと収斂《しゅうれん》していきます。そして臨済宗には大慧宗杲《だいえそうこう》（一〇八九〜一一六三）が出て「看話禅」を大成し、一方、曹洞宗の真歇清了《しんけっせいりょう》（一〇八八〜一一五一）・宏智正覚《わんししょうがく》（一〇九一〜一一五七）は「黙照禅」を標榜しました。「看話禅」は、公案を用いて悟りの体験を獲得することを重視するものであり、「黙照禅」は、坐禅することにより、自己の本質に回帰しようとするものです。

看話禅は、大慧が在家居士《こじ》にも積極的に布教を行ったこともあり、大変に流行しました。これが、鎌倉時代に日本へと伝来した禅の中心となるものです。日本でも、大いに流行しながら、江戸時代の白隠慧鶴《はくいんえかく》（一六八五〜一七六八）によって、日本独自の公案体系が確立されることになります。

一方、黙照禅は、鎌倉時代の道元（一二〇〇〜五三）に受け継がれます。道元は、自己の本質にこだわって、積極的な実践の道を見失っていた黙照禅の欠点を、「只管打坐《しかんたざ》」の強調によって是正することによって新たな禅風（道元禅）を作り出し、日本に根づかせていきました。

道元禅は、「只管打坐」を基本としているために、看話禅・白隠の禅風に比べて公案を軽視している印象を受けます。確かに、看話禅とは違い、坐禅を実践している最中に公案を熟考することは、厳しく禁止されます。しかし、その一方で、道元自身が、三百の公案を集めた、公案集を作成していますし、主著の仮名『正法眼蔵《しょうぼうげんぞう》』が「現成公案《げんじょうこうあん》」と名づけられた巻で始まっていることも良く知られるところです。つまり、道元も、闇雲《やみくも》に公案を否定したわけではなく、いにしえの禅僧の対話を、彼らの生きざまがありありと語られたものとして依用していたということです。

臨済宗の公案参究にしても、それは単に与えられた課題に対して模範解答を探し出すためのものではないと聞いています。それはあくまでも、自らの情識を超えたところで、自己を見つめるためのものとなっています。

要するに、この両者の相違は、公案に対する向き合い方の違いに他なりません。道元は坐禅を中心に置き、自分がそれと向き合うための媒体として公案を用いました。つまり、公案は坐禅修行を導くための道標だったのです。それに対して白隠は、公案を熟考することを修行の中心に置き、坐禅を媒体としたのです。

いずれにせよ、坐禅を中心とした実践と、〝おしえ〟の表現としての公案は、禅において切っても切れない密接な関係にあるものといえます。それらに対する比重の置き方は違っていても、両者と適切に向き合うことによって、自らのあり方を確認していく、禅の本質はそこにあるということができるでしょう。

《付録一》五燈と代表的な公案（頌古）集

本編で用いた禅問答の引用元となった典籍について、解題を付しておきます。主に用いたのは、『景徳伝燈録』・『碧巌録《へきがんろく》』・『従容録《しょうようろく》』となっていますが、それらと関連する禅籍についても、解説してあります。それぞれの刊行意図や性格を理解しておくことも、禅問答の内容理解の一助となります。

◇「**五燈**」…中国において編集された代表的な五つの燈史。

・『**景徳伝燈録**《けいとくでんとうろく》』（伝灯録）三〇巻。永安道原撰、宋・景徳元年（一〇〇四）成立。過去七仏から、法眼文益の法嗣にいたる千七百一人の伝記（一部は説法や問答〈機縁《きえん》の語〉のみ）を収録。他に、『伝心法要』・『信心銘』等の著述や偈頌《げじゅ》（漢詩）をも収録する。それ以前に存在した燈史を集大成したもの。成立直後に大蔵経に編入され、仏典として承認された。内容は対話形式の機縁を多く含み、禅宗（雪峰下）の公案拈提《ねんてい》（公案を取り上げてコメントを付けること）重視の傾向を示している。『大正蔵新脩大蔵経』第五一巻に収録される。

・『**天聖広燈録**《てんしょうこうとうろく》』（広灯録）三〇巻。李遵勗撰、宋・景祐三年（一〇三六）成立。臨済宗に参じた居士（在家の参禅者）による灯史。南岳下（臨済宗へ連なる法系）九世、青原下（曹洞宗へ連なる法系）十一世までの約三百七十人が採録される。特に南岳下の僧の記述が詳細である。『大日本続蔵経』第一三五巻に収載。

・『**建中靖国続燈録**《けんちゅうせいこくぞくとうろく》』（続灯録）三〇巻。仏国惟白撰、宋・建中靖国元年（一一〇一）成立。祖師の逸話や説法・問答を、正宗（根本教義）・対機（弟子の指導）・頌古（公案と漢詩のコメント）・拈古（公案と散文のコメント）・偈頌（単独の漢詩）の五門に分類して収録する。雲門宗の禅者の語を重視しつつ掲載しているのが特徴。『大日本続蔵経』第一三六巻に収載。

・『**宗門聯燈会要**《しゅうもんれんとうえよう》』（会要）三〇巻。晦翁悟明撰、宋・淳熙十年（一一八三）成立。『伝灯録』・『広灯録』から六百余人を選び収録したもの。収録される機縁の語に対して、多くの著語（単文のコメント）や拈提が収録され、臨済宗大慧派に重んじられた。『大日本続蔵経』第一三六巻に収載。

・『**嘉泰普燈録**《かたいふとうろく》』（普灯録）三〇巻。雷庵正受撰、宋・嘉泰四年（一二〇四）成立。先行する四つの燈史が僧侶中心であることを遺憾として編纂《へんさん》された。従来の燈史にない在俗の聖賢（王公・居士など）を増補し、巻二二以降に収録している。『大日本続蔵経』第一三七巻に収載。

◇五燈以外の代表的な燈史

・『**宝林伝**』一〇巻。智炬編、八〇一年成立。

釈尊から達磨までの西天（インド）の祖師二十八名と、中国における達磨から慧能までの六代に連なる、禅宗独自の伝法の系譜を述べる。達磨以降の中国の祖師の伝記を記す巻七・九・一〇が散逸しているが、近年の研究では、馬祖、石頭まで含まれていた可能性が指摘されている。慧能の南宗禅の正統性を主張するために編まれたものとされている。また、インドから中国に至るまで、すべての祖師が、次の祖師への法の継承の証《あかし》として、「伝法偈」（法の継承を証明する漢詩）を用いたとするのは、この書が最初である。

・『**祖堂集**《そどうしゅう》』二〇巻。静・筠共編、九五二年成立。
高宗三二年（一二四五）刊〈高麗本〉。

二十世紀になって韓国で発見された燈史。『宝林伝』に次ぐ古資料で、かつ『宝林伝』に欠落した中国祖師の機縁を完備し、機縁の語について、後世の資料の原型となる素朴な内容が見られると同時に、後代には見られない独自の内容を有しているなど、後の禅宗公案の成立の過程を示すものとしても注目され、現在その内容分析がすすめられている。

・『**五燈会元**』（会元）二〇巻。大川普済撰。淳祐一二年（一二五二）成立。
五燈の内容を整理して一書としたもの。それ故に「会元」と名づけられた。主だった機縁の語がまとめて収録されており、また、宋代になって流行した新しい問答や逸話を多く含んでいるので、参照するには大変便利である。

◇代表的な公案集

・『仏果《ぶっか》圜悟《えんご》禅師《ぜんじ》碧巌録《へきがんろく》』（碧巌録）

雲門《うんもん》宗の禅者、雪竇重顕《せっちょうじゅうけん》（九八〇～一〇五二）が、禅者の悟道の機縁百則を集めて頌《じゅ》（漢詩のコメント）を付した「雪竇頌古」を作成し、悟りの世界を独自の詩偈で表現した。その後一世紀を経た一一二五年に、臨済宗楊岐《ようぎ》派の円悟克勤《えんごこくごん》（一〇六三～一一三五）が、垂示《すいじ》（まえがき）・著語《じゃくご》（短評）・評唱《ひょうしょう》（解説）を加えたもの。「碧巌」は講義をした夾山《かっさん》霊泉院の別称。成立後まもなく、この書は禅門において、宗派を超えて重要視されるようになり、「宗門第一の書」と呼ばれるようになった。

あまりに人気を博したため、大慧宗杲《だいえそうこう》（円悟の弟子、一〇八九～一一六三）が、「禅僧が文字になずみ、本来の修行を忘れる」と、版木（あるいは写本）を焼き捨てたという逸話がある。事実、宋代の刊本は現存していない。なお古写本として、曹洞宗の道元が中国より帰国する前夜に、白衣《びゃくえ》の神人《しんにん》の助けを得て、一晩で書写したという伝説を持つ『仏果碧巌破関撃節《はかんきゃくせつ》』（通称「一夜碧巌」、大乗寺蔵）が現存する。書写年代は未確定ながら、今に伝わる『碧巌録』大徳四年（一三〇〇）刊本とは、大きく内容を異にしており、古形を伝えるものとされている。

・『万松老人評《ばんしょうろうじんひょう》 唱天童覚和尚頌古従容庵録《しょうてんどうかくおしょうじゅこしょうようあんろく》』（従容録）

『碧巌録』が世に広まる中、曹洞宗の万松行秀《ばんしょうぎょうしゅう》（一一六六～一二四六）が、俗弟子の耶律楚材《やりつそざい》（居士）に請われ、『碧巌録』を模倣する形で編纂《へんさん》したもの。宏智正覚《わんししょうがく》（一〇九一～一一五七）の

「宏智頌古」百則に、示衆《じしゅ》（まえがき）・著語・評唱が付されている。万松は、蒙古族の侵入による兵乱の中、大都（北京）の報恩寺《ほうおんじ》内に建てた従容庵《しょうようあん》に籠《こも》って本書を撰述した。書名は、その庵の名を取ったもの。嘉定《かてい》十六年（一二二三）に成立、宝慶《ほうきょう》元年（一二二五）に刊行された。

宏智正覚は、『黙照銘《もくしょうめい》』を撰し、黙照禅を標榜した曹洞宗の禅者。円悟の弟子で、看話禅《かんなぜん》を創始した大慧宗杲と共に、宋代禅門の二大甘露門と称された人である。

・『無門関』

臨済宗楊岐派の無門慧開《むもんえかい》（一一八三〜一二六〇）が、四十八則の公案を選んで編纂した公案集。無門慧開による頌と解説が付される。日本には無本覚心《むほんかくしん》（一二〇七〜九八：由良興国寺《ゆらこうこく》開山）によって伝えられ、江戸時代に広く流行したが、中国ではあまり用いられず伝本が絶えた。「趙州無字《じょうしゅうむじ》」を第一則とし、その「無」字の参究を全体の根本とする。

《付録二》自分で禅籍を味わうために（現代語訳付きの註釈書）

柳田聖山・梅原猛『無の探求「中国禅」仏教の思想七』（角川文庫ソフィア、一九九七年※巻末に禅語録の日本語訳注の一覧表が付されている）

柳田聖山編『世界の名著十八　禅語録』（中央公論社、一九七八年）

柳田聖山・入矢義高ほか編『禅の語録』既刊十七冊（筑摩書房、一九六九～八七年）

入矢義高編『馬祖の語録』（禅文化研究所、一九八四年）

唐代語録研究班編『玄沙広録』上・中・下（禅文化研究所、一九八七～九九年）

入矢義高訳註『臨済録』（岩波文庫、一九八九年）

入矢義高・末木文美士等編『碧巌録』上・中・下（岩波文庫、一九九二～九四年）

石井修道訳『大乗仏典　中国・日本篇　第十二巻　禅語録』（中央公論社、一九九二年）

石井修道著『中国禅宗史話』（禅文化研究所、一九九二年）

原田弘道訳註『従容録　現代語訳』（大蔵出版、一九九三年）

景徳伝燈録研究会編『景徳伝燈録』既刊二冊（禅文化研究所、一九九三～九七年）

末木文美士編『碧巌録』上・中・下（岩波書店、二〇〇一～〇三年）

Steven Heine, Opening a Mountain : Koans of the Zen Masters, Oxford University Press, 2004

Thomas Cleary, The Blue Cliff Record（碧巌録）, Shambhara Publications Inc., 2005

石井清純（いしい・きよずみ）
1958年生まれ。駒澤大学仏教学部卒、同大学院博士後期課程満期退学。現、仏教学部教授。2009〜2012年に駒澤大学学長、2000年にはスタンフォード大学客員教授を務めた。専門は禅思想研究。また、禅学研究の国際交流も積極的に行っている。

角川選書 463

禅問答入門《ぜんもんどうにゅうもん》

平成22年5月25日　初版発行
令和7年3月25日　8版発行

著　者／石井清純《いしいきよずみ》
発行者／山下直久
発　行／株式会社KADOKAWA
〒102-8177　東京都千代田区富士見2-13-3
電話 0570-002-301（ナビダイヤル）
印刷所／株式会社KADOKAWA
製本所／株式会社KADOKAWA
装　丁／片岡忠彦　　帯デザイン／Zapp!

●お問い合わせ
https://www.kadokawa.co.jp/（「お問い合わせ」へお進みください）
※内容によっては、お答えできない場合があります。
※サポートは日本国内のみとさせていただきます。
※Japanese text only

定価はカバーに表示してあります。

ISBN978-4-04-703463-1 C0315

この書物を愛する人たちに

詩人科学者寺田寅彦は、銀座通りに林立する高層建築をたとえて「銀座アルプス」と呼んだ。
戦後日本の経済力は、どの都市にも「銀座アルプス」を造成した。
アルプスのなかに書店を求めて、立ち寄ると、高山植物が美しく花ひらくように、
書物が飾られている。

印刷技術の発達もあって、書物は美しく化粧され、通りすがりの人々の眼をひきつけている。
しかし、流行を追っての刊行物は、どれも類型的で、個性がない。
歴史という時間の厚みのなかで、流動する時代のすがたや、不易な生命をみつめてきた先輩たちの発言がある。
また静かに明日を語ろうとする現代人の科白がある。これらも、
銀座アルプスのお花畑のなかでは、雑草のようにまぎれ、人知れず開花するしかないのだろうか。
マス・セールの呼び声で、多量に売り出される書物群のなかにあって、
選ばれた時代の英知の書は、ささやかな「座」を占めることは不可能なのだろうか。
マス・セールの時勢に逆行する少数な刊行物であっても、この書物は耳を傾ける人々には、
飽くことなく語りつづけてくれるだろう。私はそういう書物をつぎつぎと発刊したい。
真に書物を愛する読者や、書店の人々の手で、こうした書物はどのように成育し、開花することだろうか。
私のひそかな祈りである。「一粒の麦もし死なずば」という言葉のように、
こうした書物を、銀座アルプスのお花畑のなかで、一雑草であらしめたくない。

一九六八年九月一日　角川源義

戦国大名・伊勢宗瑞
黒田基樹

近年人物像が大きく書き換えられた伊勢宗瑞。北条氏研究の第一人者が、最新の研究成果をもとに、新しい政治権力となる戦国大名がいかにして構築されたのかを明らかにしつつ、その全体像を描く初の本格評伝。

624

978-4-04-703683-3

新版　古代史の基礎知識
編　吉村武彦

歴史の流れを重視し、考古学や歴史学の最新研究成果を取り入れ、古代史の理解に必要な重要事項を配置。新聞紙上をにぎわしたトピックをはじめ、歴史学界で話題の論争も積極的に取り上げて平易に解説する。

643

978-4-04-703672-7

シリーズ世界の思想
マルクス　資本論
佐々木隆治

経済の停滞、政治の空洞化……資本主義が大きな転換点を迎えている今、マルクスのテキストに立ち返りこの世界の仕組みを解き明かす。原文の抜粋と丁寧な解説で読む、画期的な『資本論』入門書。

1001

978-4-04-703628-4

シリーズ世界の思想
プラトン　ソクラテスの弁明
岸見一郎

古代ギリシア哲学の白眉ともいえる『ソクラテスの弁明』の全文を新訳とわかりやすい新解説で読み解く。誰よりも正義の人であったソクラテスが裁判で何を語ったかを伝えることで、彼の生き方を明らかにする。

1002

978-4-04-703636-9

密談の戦後史
塩田 潮

次期首相の座をめぐる裏工作から政界再編の秘密裏交渉まで、歴史の転換点で行われたのが密談である。憲法九条誕生から安倍晋三再擁立まで、政治を変える決定的な役割を担った密談を通して知られざる戦後史をたどる。

601

978-4-04-703619-2

今川氏滅亡
大石泰史

駿河、遠江、三河に君臨した大大名・今川氏は、なぜあれほど脆く崩れ去ったのか。国衆の離叛や「家中」弱体化の動向等を、最新研究から丹念に検証。桶狭間敗北や氏真に仮託されてきた亡国の実像を明らかにする。

604

978-4-04-703633-8

古典歳時記
吉海直人

日本人は自然に寄り添い、時季を楽しんできた。旬の食べ物、花や野鳥、気候や年中行事……暮らしに根ざすテーマを厳選し、時事的な話題・歴史的な出来事を入り口に、四季折々の言葉の語源と意味を解き明かす。

606

978-4-04-703657-4

エドゥアール・マネ
西洋絵画史の革命
三浦 篤

一九世紀の画家、マネ。伝統絵画のイメージを自由に再構成するその手法は、現代アートにも引き継がれる絵画史の革命だった。模倣と借用によって創造し、古典と前衛の対立を超えてしまう画家の魅力に迫る。

607

978-4-04-703581-2